国家级新区发展报告 2025

国家发展和改革委员会 编

中国计划出版社
·北 京·

图书在版编目（CIP）数据

国家级新区发展报告. 2025 / 国家发展和改革委员会编. -- 北京：中国计划出版社，2025. 8. -- ISBN 978-7-5182-1879-0
Ⅰ. F127.9
中国国家版本馆 CIP 数据核字第 2025C0D176 号

国家级新区发展报告 2025
GUOJIAJI XINQU FAZHAN BAOGAO 2025

责任编辑：朱　冰
封面设计：韩可斌
责任印制：李　晨

中国计划出版社出版发行
网址：www. jhpress. com
地址：北京市西城区木樨地北里甲 11 号国宏大厦 C 座 4 层
邮政编码：100038　电话：（010）63906433（发行部）
北京厚诚则铭印刷科技有限公司印刷

185mm×260mm　1/16　10.75 印张　194 千字
2025 年 8 月第 1 版　2025 年 8 月第 1 次印刷

定价：75.00 元

序　言

国家级新区是承担国家重大发展和改革开放战略任务的综合功能平台，目前全国有上海浦东、河北雄安、天津滨海、重庆两江、浙江舟山群岛、兰州、广州南沙、陕西西咸、贵州贵安、青岛西海岸、大连金普、四川天府、湖南湘江、南京江北、福州、云南滇中、哈尔滨、长春、江西赣江等19个新区。国家级新区体制活、创新多、动能强，主要经济指标增速普遍快于所在省市总体水平，集聚了一批具有较强竞争力和影响力的千亿元级产业集群，具有较好发展基础和潜力，已成为区域经济发展重要增长点。

近年来，国家发展改革委坚持以习近平新时代中国特色社会主义思想为指导，深入学习贯彻习近平总书记关于国家级新区的重要讲话和指示批示精神，深入实施《促进国家级新区高质量建设行动计划》及年度重点工作安排，组织召开国家级新区工作经验交流会暨新区工作推动会，会同有关地方、部门和单位，支持各国家级新区锐意进取、真抓实干，不断增强先行探索、示范引领功能，有效支撑区域协调发展战略实施。2024年，19个国家级新区实现地区生产总值6.8万亿元，以全国2.5‰左右的面积，承载了全国2.5%的人口，创造了全国5%的经济总量。

下一步，国家发展改革委将会同有关方面，认真贯彻落实党中央、国务院决策部署，协调指导各国家级新区聚焦做强改革开放综合功能平台，深入实施《促进国家级新区高质量建设行动计划》，落实2025年重点工作安排，推动国家级新区在建设现代化产业体系上更有作为，在激发经济发展活力上精准施策，在推进重点领域改革上深化探索，努力打造高质量发展引领区、改革开放新高地、城市建设新标杆。

本报告由国家发展改革委区域协调发展司会同各国家级新区人民政府（管委会）、习近平经济思想研究中心等撰写。在报告编写过程中，得到有关省市发展改革委等方面的大力支持，在此一并表示感谢。

编者

2025 年 6 月

目　录

第一篇　新区概览

国家级新区建设取得积极进展和明显成效

各国家级新区充分发挥要素集聚优势，创新完善管理体制，扎实发展实体经济，着力打造高质量发展引领区、改革开放新高地、城市建设新标杆，为经济持续回升向好提供了有力支撑。

一、经济增长带动作用强劲

2024 年，19 个国家级新区实现地区生产总值 6.8 万亿元、占全国经济总量的 5%，呈现向好发展态势（图 1–1）。上海浦东、天津滨海两个新区地区生产总值分别达到 17752 亿元、7843 亿元，占上海、天津的比重分别达到 33%、44%。青岛西海岸、重庆两江、四川天府和湖南湘江 4 个新区的地区生产总值先后突破 5000 亿元大关，继续保持平稳较快的发展势头。新区主要经济指标增速普遍高于所在省市总体水平，贵州贵安、兰州等新区呈现快速增长态势，地区生产总值分别比上年增长 21%、13%。

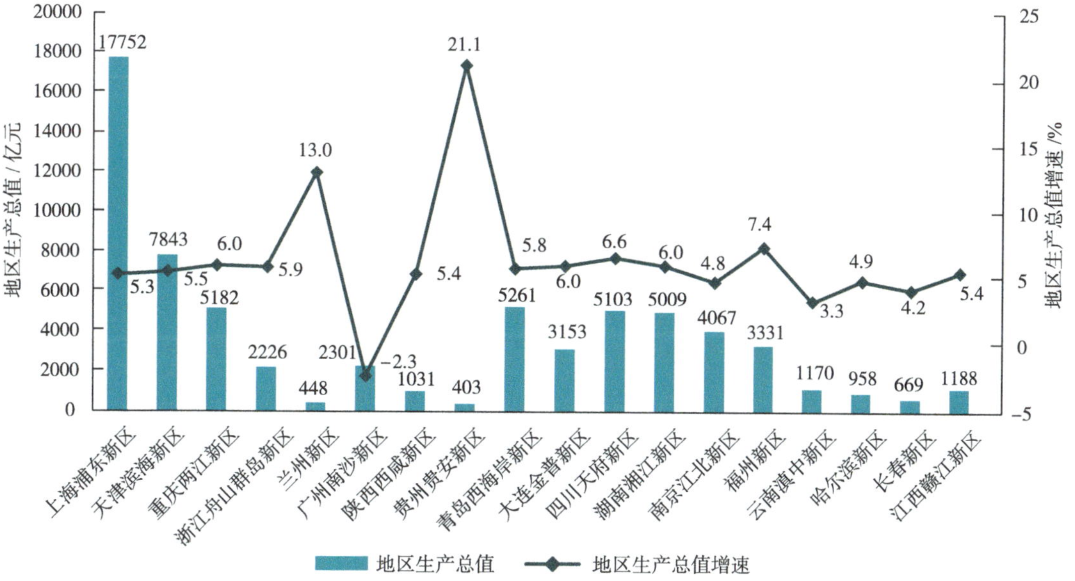

图 1–1　2024 年国家级新区地区生产总值及其增速

二、千亿元级及主导产业加快发展

各新区立足比较优势大力发展实体经济，做精做强主导产业，形成了汽车制造、电子信息、装备制造、石油化工、新材料等20多个千亿元级产业集群，吸引产业链关键环节集聚，不断夯实产业竞争新优势，为实体经济培育壮大提供产业支撑。一是上海浦东、天津滨海、重庆两江等新区巩固提升千亿元级产业竞争优势。2024年，上海浦东新区汽车制造业、电子信息制造业、成套设备制造业产值规模分别达3883亿元、2616亿元、1648亿元，产业能级和竞争力进一步提升。天津滨海新区绿色石化产业产值达4097亿元，对产业上下游带动力持续增强。重庆两江新区智能网联新能源汽车成为两江新区新名片，汽车产业实现产值3065亿元、同比增长33%。浙江舟山群岛新区石化行业实现工业总产值达2875亿元。湖南湘江新区工程机械、新材料、电子信息3个千亿元级产业集群加快发展，规模以上工业增加值同比增长10%。二是贵州贵安、哈尔滨、江西赣江等中西部和东北地区新区发挥比较优势，积极承接东部地区产业转移，发展特色产业。贵州贵安新区引进华为智算中心等大型及以上数据（算力）中心23个，有力支撑“东数西算”工程实施。哈尔滨新区冰雪经济火爆出圈，2024—2025年冰雪季冰雪大世界到访游客356万人次、同比增长31.37%。江西赣江新区数字产业加快发展，“数字+营销+微短剧”实现跨界融合，数字经济核心产业营业收入达367亿元。

三、高水平对外开放能级持续跃升

各新区充分发挥自由贸易试验区、综合保税区等功能平台叠加优势，积极对接国际高标准经贸规则，更有效地汇聚全球要素、配置全球资源，不断提升国际市场影响力和竞争力，带动地区高水平对外开放有序推进。2024年，19个国家级新区货物贸易进出口总值达5.3万亿元、占全国的12%，实际使用外资1061亿元、占全国的13%，各新区具体数据见图1–2。上海浦东新区高水平制度型开放总体方案完成95%，落地全国首笔航贸再保险费数字人民币跨境支付等业务。天津滨海新区出台全国首个自贸试验区企业数据分类分级标准规范以及数据出境管理负面清单，形成了自贸试验区“双首个”数据跨境政策体系，填补了数据跨境领域制度空白。福州新区中印尼“两国双园”加快建设，与印尼合作项目总投资超900亿元。哈尔滨新区深化向北开放，成立全国首家对俄结算服务中心。广州南沙新区新增10条外贸集装箱班轮航线，集装箱年吞吐量突破2000万标准箱、同比增长5.7%，海铁联运年集装箱量达45万标准箱、同比增长47%。湖南湘江新区持续深化对德经贸合作，加快建设德国中小企业总部集聚区（湖南）、国家海外人才离岸创新创业基地（长沙）等对外开放平台，吸引了卓伯根、巴斯夫、舍弗勒等一大批知名德资企业落户深耕。

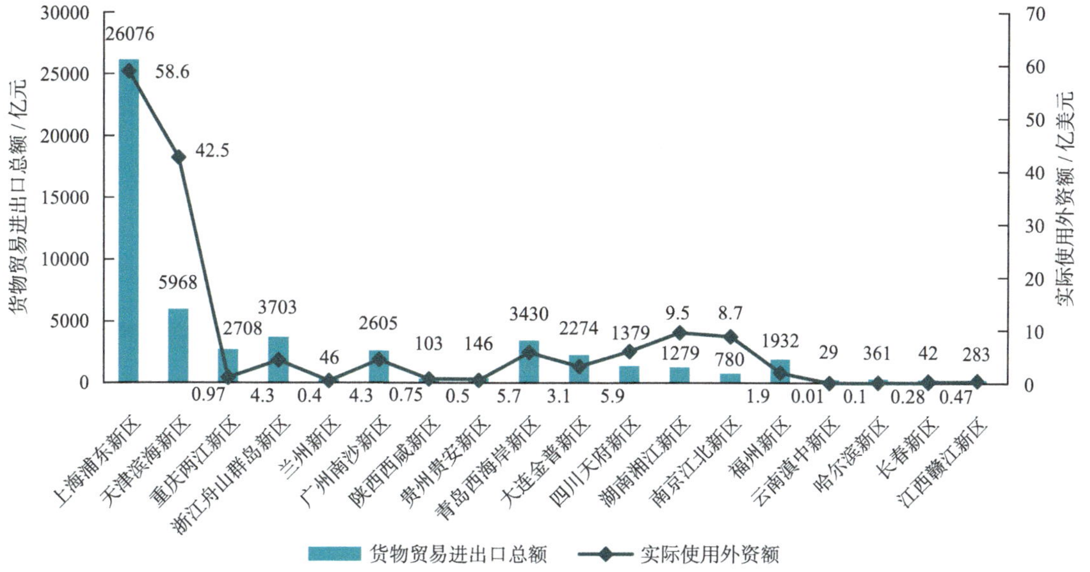

图1–2　2024年国家级新区货物贸易进出口总额及实际使用外资额

四、科技创新策源实现新突破

各新区充分发挥科技创新资源集聚优势，持续推进基础研究、应用研究和关键核心技术攻关，形成一批重大科技成果，关键领域科技创新能力不断提升，战略科技力量持续提高，为新质生产力发展提供强大动力。上海浦东新区张江实验室、临港实验室加快建设，张江人工智能“模力社区”入驻企业超40家。我国首艘大洋钻探船“梦想”号在广州南沙新区正式建成入列，标志着我国深海探测关键技术装备取得重大突破。陕西西咸新区秦创原创新驱动平台提质升级，职务科技成果单列管理、技术转移人才评价和职称评定、横向科研项目结余经费出资科技成果转化等3项改革不断深化。四川天府新区重大科技基础设施建设加快推进，在新一代人造太阳、风洞等领域形成一批关键成果。湖南湘江新区制造业单项冠军企业（产品）达到19家，中联重科全球最大吨位4000吨级全地面起重机重磅亮相。全球首套3000HP超深井沙漠快移钻机、全国首套具备自主知识产权的碳离子治疗系统在兰州新区实现产业化应用。全国航天领域首个大科学装置“空间环境地面模拟装置”在哈尔滨新区建成投用，为我国航天事业发展提供强大支撑。

五、经营主体量质齐升迸发新活力

各新区精准施策，有效激发各类经营主体内生动力和创新活力，进一步引导经营主体强信心、稳定社会预期。2024年，19个国家级新区中的国家级科技型中小企业、高新技术企业、专精特新“小巨人”企业数量分别占全国的9%、8%、8%。陕西西咸新区科技型中小企业数量同比增长38.4%，新增科技成果转化企业624家，全年技术合同成交额同比增长56%。南京江北新区强化研产贯通校地合作，独角兽企业、潜在独角兽企业和瞪羚企业等集聚发展。哈尔滨新区深哈产业园吸引240余家国内外研发创新机构入驻，高新技术企业数量连续3年增速超40%。江西赣江新区集聚数字经济新业态，近3年数字经济企业数量翻一番。2024年国家级新区经营主体数量及规模以上工业企业数量见图1–3。

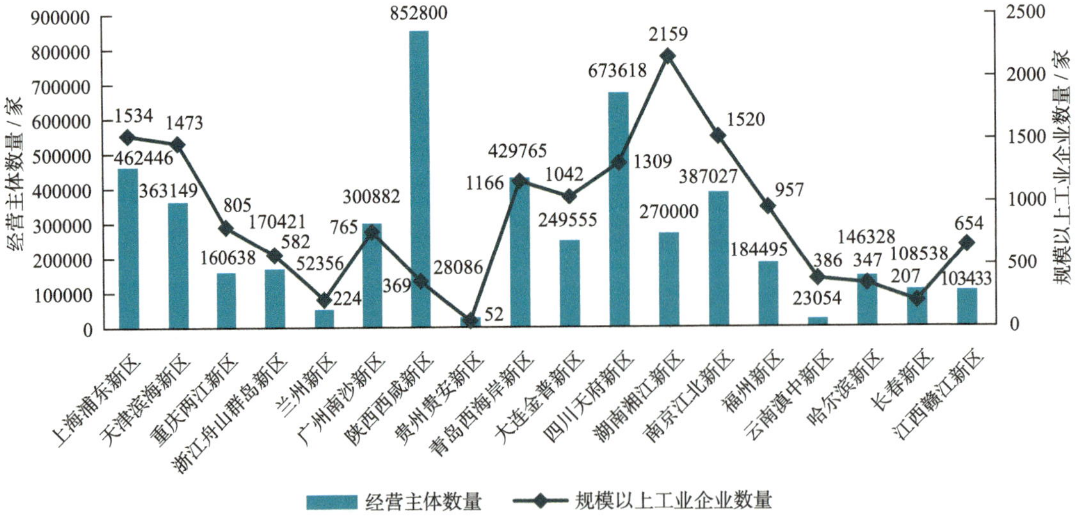

图1–3 2024年国家级新区经营主体数量及规模以上工业企业数量

六、跨区域高水平协同联动全面升级

各新区深入推进实施区域协调发展战略，加强不同地区人才、科技创新资源跨区域流动，进一步挖掘释放各地发展潜力，推动跨区域高水平协同创新。天津滨海新区加快推进京津冀协同发展，与北京市怀柔区签署战略合作协议，与京津冀国家技术创新中心共建“信创产业创新中心”等 5 个创新平台。重庆两江新区与四川天府新区深入推进西部大开发任务举措，打通成都科创生态岛与重庆两江协同创新区科创资源链接共享通道。青岛西海岸新区建设黄河流域人才协同创新中心，同甘肃省陇南市武都区、内蒙古自治区鄂尔多斯市乌审旗等 10 个地区共建人才工作区域合作联盟。云南滇中新区与福州新区共同构筑“福建企业 + 云南资源”“福建研发 + 云南制造”“福建总部 + 云南基地”等双向互动、相互促进产业合作模式，与重庆两江、四川天府、贵州贵安、兰州、陕西西咸等西部新区签订战略合作协议。江西赣江新区加快推进赣港未来产业园建设，打造粤港澳大湾区重要产业备份基地。

七、标志性改革举措陆续落地

各新区扎实推进实施综合改革试点试验，统筹推进重要领域和关键环节改革，形成一批可复制可推广的改革举措，为全国其他地方发展做示范、探新路。广州南沙新区聚焦实体经济与人才发展需求，发布“国际化人才特区九条 2.0”，高标准打造产才结合、引育协同、多元评价、优化保障的人才政策系统。大连金普新区推动铜精矿境外混矿业务向国内口岸“前移”，实现“保税混兑”业务提质扩容。福州新区正式开通台胞职业资格采信认证业务。兰州新区聚焦突出经济功能，重塑管理架构，经济发展部门占比提高至 73.9%。云南滇中新区全面完成昆明综合保税区托管工作，机构更加精简、权责更加明晰、运行更加高效。江西赣江新区纵深推进绿色金融改革，2024 年末绿色信贷余额达 274 亿元，是绿色金融改革创新试验区获批之初的 9.2 倍，远高于全省绿色信贷增长速度，有效发挥了绿色金融改革创新试验区先行先试、示范带头作用。

八、城市风貌功能品质持续提升

各新区深入推进提升城市功能品质措施，聚焦打造城市建设新标杆持续发力，在推动城市规划建设迭代升级、转变城市发展方式、优化提升城市形态质态、推动城市治理体系和治理能力现代化等方面走在前列、做好示范。河北雄安新区启动区按照“片区综合开发、宗地融合开发、地块混合开发、地下空间合理开发”的理念，推动实现“建一片、成一片、用一片”，现代化城市先行发展示范区轮廓初显。贵州贵安新区坚持产城融合、城乡融合，全面推动城乡生产要素双向自由流动和公共资源合理配置，“三城两组团”格局基本形成。四川天府新区坚定践行“公园城市首提地”使命，深化公园城市理论探究和实践探索，与联合国人类居住区规划署共同发起全球公园城市倡议，不断丰富城市可持续发展的创新实践。南京江北新区全面加快高品质建设步伐，多措并举加快打造“现代、国际、精致、活力、生态”的南京新主城。江西赣江新区突出产城深度融合，加强与南昌市、九江市的基础设施和公共服务互联互通，城市承载力明显增强。湖南湘江新区集山、水、洲、城风貌于一体，生态空间蓝绿占比超 70%，城市宜居性持续提升。

国家级新区面临的机遇与挑战

面对当前复杂多变的环境，国家级新区要充分发挥先行探索、示范引领功能，顺应科技进步和产业变革的时代潮流，遵循经济发展内在规律，有效应对各种风险挑战，积极回应社会各界对就业、消费、城市治理等方面的期待关切，为中国式现代化作出新的更大贡献。

一、国际形势复杂严峻，要善于应对风险在危机中育新机

当今世界，百年未有之大变局加速演进，新一轮科技革命和产业变革深入发展，国际力量对比深刻调整，传统安全和非传统安全风险增多。个别国家搞“小院高墙”、关税壁垒，将经贸问题政治化、工具化、武器化、泛安全化，影响全球产业链供应链稳定运转。国家级新区货物贸易进出口总额、利用外资规模占全国的比例高，产业链供应链对外依赖度高，外向型经济发展承压，很难再靠“大进大出”等传统方式拉动经济发展，需要牢牢守住不发生系统性风险的底线，提升防范风险的本领，以制度型开放为抓手，不断推进与高标准经贸规则对接，积极提升国际规则的话语权和主导权，在破局外部风险挑战的同时，积极塑造国际经济合作新空间新优势。

二、国内大循环持续做强，赋予国家级新区更高使命要求

2025 年是“十四五”规划收官之年，也是谋划“十五五”的关键一年。近年来，我国高水平社会主义市场经济体制不断完善，全国统一大市场和现代化产业体系更加完备，新质生产力加快发展，经济结构优化升级，经济运行总体平稳，我国经济基础稳、优势多、韧性强、潜能大，长期向好的支撑条件和基本趋势没有变，为国家级新区高质量发展提供了坚实基础和广阔的发展空间。但也要看到，内需不足是当前我国经济运行面临的突出矛盾，国内大循环存在不少堵点卡点，经济发展动力活力和信心预期仍需增强。国家级新区具有集聚大量高素质劳动者和企业家的人才

优势，在集成电路、新能源汽车、动力电池、光伏组件等方面具备了一定的先发条件，投资需求潜力巨大。同时，国家级新区业态新、活力强，以网络购物、网络直播、数字文化等为代表的数字消费新业态、新模式快速发展，未来消费空间前景广阔。在以中国式现代化全面推进中华民族伟大复兴的背景下，国家级新区要紧盯科技发展趋势和产业链供应链布局调整方向，狠抓科技创新和产业创新融合，抢占全球技术创新与新兴产业发展制高点，在细分领域深耕细作，锻长优势产业、优势品牌，搭建高能级平台，深化体制机制改革，扎实推进高水平对外开放，更好统筹国内国际两个市场两种资源，促进投资、消费良性互动，持续增强高质量发展的重要增长极功能，切实发挥对促进区域协调发展的辐射带动作用。

三、国家级新区自身发展还存在一些问题

当前，国家级新区还面临一些亟待解决的问题。比如，体制机制上，有的国家级新区内部运行机制不优，行政治理效能不佳，经济区与行政区协调融合发展还有待探索。产业发展上，有的国家级新区传统产业正处于转型升级期，新型产业尚未形成规模支撑，产业链韧性不足，企业根植性不强，产业竞争优势有待提升。开放能级上，有的国家级新区制度型开放优势还需进一步巩固，区域重大基础设施联通能力不足，全球优质要素吸引聚合能力还有待提高。要素保障上，有的国家级新区存量债务化解难，财政处于紧平衡状态；有的国家级新区土地集约利用度不高，发展空间饱和。城市建设上，有的国家级新区开发进程缓慢，教育、医疗、交通等生活配套不足，存在“钟摆式”“潮汐式”通勤现象，城市功能品质有待提升。

“十五五”时期发展展望

“十五五”时期，各国家级新区要聚焦做强改革开放综合功能平台，因时因地制宜、分区分类施策，实现新突破，再上新台阶。

一、推动科技创新和产业创新融合，因地制宜发展新质生产力

国家级新区科技创新基础好、产业发展动力足、优质生产要素集聚能力强，具备发展新质生产力的综合条件。下一步，要发挥科技创新资源集聚优势，结合所在省（市）科技创新资源，推动科技前沿领域成果在国家级新区转化，强化科技创新策源功能。建立健全协同创新机制，实施产业核心技术联合攻关、科技成果跨区域转化。提升承接重大科技和生产力布局的能力，形成更加完善的区域科技创新体系。强化资源要素保障水平，吸引产业链关键环节集聚，改造提升传统产业，培育壮大新兴产业，布局建设未来产业，持续巩固提升各国家级新区千亿元级及主导产业竞争优势。用足用好已建成投用的园区基础设施、公共服务平台设施，提升中西部和东北地区新区的产业承接和培育能力。

二、高质量抓好项目建设，多措并举扩大有效需求

国家级新区承担着国家重大发展和改革开放战略任务，布局了一批重大科技、产业项目。下一步，各新区要统筹“十五五”规划编制、重大改革举措谋划，有序推进在建项目、新开工项目建设，高水平谋划和建设重大项目。推进重要项目协调机制建设，常态化开展项目建设靠前服务。创新国家级新区招商政策体系和管理模式，主动释放资源要素，创造市场机会，千方百计吸引各类企业等到新区投资兴业，避免“内卷式”竞争。加强国家级新区资源整合，推进消费品以旧换新，进一步挖掘区域特色产业产品市场潜力，推动特色商圈、夜经济等商业发展不断壮大，丰富商业业态，持续激发消费活力。把握新型消费发展趋势，积极挖掘新型消费潜力，

鼓励因地制宜发展“首店经济”和“首发经济”，创建有国家级新区特色的新型消费应用场景。

三、充分发挥战略政策叠加优势，拓展国际合作发展新空间

国家级新区综合承载力强、对外开放程度高，是我国扩大对外开放的重要平台，完全有条件有能力在融入和服务构建新发展格局中作出更大贡献。要充分发挥临港开放平台优势，提升水运通道功能，增强口岸服务辐射功能，加速要素集聚，探索政策创新、服务创新、监管创新，着力打造世界一流港口，拓展陆海内外联动和向海经济发展空间。充分发挥国家级新区对外开放优势，创新拓展双多边合作，不断推进国际合作。积极拓展对外交流合作和展示渠道，办好夏季达沃斯论坛、粤港澳大湾区科学论坛等主场或永久会址在新区的大型活动，链接全球优质科技创新资源，拓展参与国际合作的深度和广度。组团参加国际国内大型展会，聚焦国际外资外贸重点区域，联合举办招商引资、投资贸易促进等活动，推动外资项目落地。

四、推进更深层次改革，创造更有活力的市场环境

坚持改革创新是国家级新区的重要特质。国家级新区既要加强顶层设计、自上而下赋予更大改革自主权，更要发挥各地首创精神、自下而上探索形成改革创新成果，在事关全局和重点领域改革上深化探索、大胆创新。要扎实推进实施综合改革试点试验，打造新区全面深化改革体系品牌，实现改革领域全覆盖，争取更大改革自主权。积极争取省、市政府将能够下放的省级经济管理权限依法下放新区，采取清单管理、集成改革等模式，加快推动将承接的上级赋权事项落地转化为具体改革措施。争取省（市）将新区纳入“负面清单制”赋权实施范围，动态梳理新区发展实际用权需求。积极探索促进新区与行政区协调融合发展的行政区划设置。深化国家海外人才离岸创新创业基地建设，积极引进高端人才。

五、率先探索城市现代化建设，打造城市发展新地标

国家级新区从东到西、从南到北、从陆地到海洋，虽然资源禀赋条件、经济基

础等差异较大，开发程度各不相同、规划建设各具特色，但都肩负着探索和引领未来城市发展的重大使命。下一步，各国家级新区要围绕各自目标任务强化功能担当，与时俱进地贯彻落实国家战略部署要求，因地制宜探索高质量发展的新路子，形成各具特色、各展其长、活力迸发、竞相发展的生动局面。大力提升城市功能品质，稳妥有序推进重点片区开发建设，完善高速快速路网、水路通道等交通基础设施建设，实施城市更新行动，统筹老城新城资源，不断提升管理精细度，着力提升综合承载能力、公共服务能力，打造独具魅力的现代化都市新区。

第二篇　大事辑要

重点改革举措

上海浦东新区：深化推进综合改革与制度型开放

2024 年，上海浦东新区扎实推进引领区、综合改革试点、自贸试验区等国家战略落实落细，推出一批首创性改革、引领性开放重大举措，相关改革任务已落地 415 项，落地率达 91%，基本实现为国家试制度、测压力、探新路的成效。改革系统集成推出新举措。2024 年 1 月 22 日，中央办公厅、国务院办公厅发布《浦东新区综合改革试点实施方案（2023—2027 年）》。2024 年 12 月 3 日，国家发展改革委印发《关于推广借鉴上海浦东新区、深圳、厦门综合改革试点创新举措和典型经验的通知》，向全国推广 11 条浦东经验做法。推出国内首个航运期货品种——集运指数（欧线）期货。上海自贸试验区及临港新片区离岸贸易印花税免征政策落地实施。设立全国首家外国仲裁业务机构、首家中东地区外国专利代理机构驻华代表处。开通全球首条 5G-A 车联网验证示范路线。试点实施电子口岸签证，建立浦东新区外籍高层次人才永久居留推荐“直通车”制度，签发全国区级首张《外国高端人才确认函》。一批浦东新区法规和管理措施接踵推出，出台保税维修、商事调解、建筑师负责制、运用区块链赋能电子单证应用等浦东新区法规和深化经营登记范围改革、国际航行船舶药品和医疗器械供应保障等浦东新区管理措施。

天津滨海新区：深化特色产业园区体制改革

天津滨海新区聚焦推动产业集成集约集群发展，构建“主导产业 + 主题园区”特色发展模式，打造 41 个有灵魂、有特色的主题园区。**一是**强化产业布局指引。确立“4–2–1”布局思路，各开发区主导产业发展方向原则上不超过 4 个，各开发区每个片区主导产业发展方向原则上不超过 2 个，主题园区细分产业发展方向原则上不超过 1 个。**二是**系统集聚发展要素。发挥“海河 + 滨海”双千亿产业基金引导作用，超前布局大数据服务、检验检测等新型基础设施，推出新型产业用地（M0）、工业

“标准地”出让等土地新政，推广风光新能源发电和源网荷储一体化，加速园区“十通一平”等“硬环境”建设。**三是**建立协同联动机制。设立7个街镇园区创新实践基地，强化开发区和街镇结对协作，加快完善项目相互推介、飞地招商、设施利益共享等合作发展新模式，促进主题园区之间协调联动、相互配套。天津滨海新区推动以主题园区为“细胞核”的产业组团加速发展，2024年，22个工业主题园区主导产业产值超4000亿元、主题率超95%，19个服务业主题园区主导产业营业收入超6000亿元、主题率超90%。

广州南沙新区：创新建立粤港澳人才协同发展机制

加快建设粤港澳人才协同发展是粤港澳全面合作的关键一环。《广州南沙深化面向世界的粤港澳全面合作总体方案》发布以来，广州南沙新区积极发挥“试验田”作用，深入推进与港澳人才合作。**一是**创新粤港澳人才协同发展促进机制。与香港人才服务办公室签署人才合作备忘录，建立政府间合作协调机制，与香港优才及专才协会、澳门专才发展学会联合成立的粤港澳人才协作办公室扩容至10家单位，联合三地50家专业机构成立粤港澳大湾区人才协同发展生态联盟，推动三地人才协同实体化运作。联合港澳举办粤港澳大湾区卓越工程师研学活动、“广聚英才汇湾区”活动等品牌项目，推动达成10个产业科研合作项目和一批合作意向，项目化推动合作落地落实。**二是**打通人才跨境执业通道。在全市率先实现人才往来港澳签注便利化，在司法、税务、卫生、建筑、规划等领域实现对港澳人才专业资格认可，发布146项国际职业资格认可清单，175名港澳专业人才在南沙成功备案执业，超2600名港澳青年学生到南沙实习，集聚港澳居民1.1万人。全国首创港澳工程人才职称评价标准体系，27名港澳工程专业人才通过评审获得内地职称。**三是**协同港澳加快集聚国际化高端人才。加强与港澳人才政策协同，出台“国际化人才特区九条”政策。承办第二届粤港澳大湾区博士博士后创新创业大赛、2024中国海外人才交流大会暨第26届中国留学人员广州科技交流会等活动，联合举办香港国际人才高峰论坛等人才盛会，携手港澳共同发布涵盖三地超750个高端岗位的人才榜单，联合引进全球英才。

陕西西咸新区：开展科技成果转化“一件事”集成改革

陕西西咸新区围绕科技成果转化实际需求，以“集成办、极简办、高效办”为目标，推出科技成果转化“一件事”办理，加速科技成果由“书架”转到“货架”，有效助力秦创原创新驱动平台总窗口提质增效，加快培育新质生产力。**一是**从需求侧出发推动“集成办”，聚焦高校、科研院所和科创企业的急难愁盼问题，梳理形成包含专利申请、知识产权交易、科技企业准入准营、金融服务、科技项目申报等13个“一件事”，共包含80个事项。**二是**强化跨层级跨部门业务协同、资源整合和数据共享，由新区总体牵头，各新城政务中心具体承接，实现政务大厅窗口一站受理，新城行业部门审核本级事项和咨询转报，新区行业部门审核本级事项、整合供给资源、匹配供需关系的闭环流程，将办理环节由80个压减为13个，压缩了84%。**三是**变“分散服务”为“集中服务”，企业可通过线上或线下窗口提交需求表单，由政务中心统一收集申请，流转至新区科技部门，进行资源匹配，大幅提升供需对接的效率。自改革运行以来，累计为科技企业提供“科转企”“人才引育”“融资服务”等“一件事”服务200余次。

青岛西海岸新区：探索高水平制度型开放新路径

位于青岛西海岸新区内的中国（山东）自由贸易试验区青岛片区以制度创新为核心引擎，挂牌五年来，形成326项改革成果（79项获国家及省级推广，全国首创占比超50%），以青岛市0.46%的土地面积贡献了4.7%的就业，外贸进出口额突破8000亿元、年均增长22%，打造高水平开放标杆。**一是**制度创新赋能开放能级跃升。首创“区关港”联动机制，推出“动产质押融资”等一批全国首创举措，带动限额以上批发业销售额达1.7万亿元、年均增长41%，一般公共预算收入年均增长44%。新型离岸贸易、跨境易货额占全省80%以上，港口电子仓单融资模式释放资金89亿元，吸引世界500强公司投资的项目72个，构建“四新经济”集聚区。**二是**智慧港航强化枢纽地位。深化启运港退税政策，拓展“智慧海关”及物流监管一体化应用，推动青岛港功能向内陆延伸，开展黄河流域“一港通”改革以提升通关效率。建成“人工智能+港口”示范区，自动化码头三期与保税物流区协同运作，创新沿海捎带业务，构建"中日韩—亚欧"贸易通道，航运便利化水平全国领先。**三是**内外融合驱动绿色转型。建设国际能源自贸港，开展生物柴油保税混兑、绿色燃料加注等业务，打造万亿级能源贸易集群。强化"离岸达""易货达"平台功能，建成航运贸易金融融合创新基地（以下简称"航贸金"），首创保税船用燃料综合服务模式，探索绿色低碳燃料应用，助力全省能源升级。**四是**改革释放发展新动能。建立特色经营项目自主标识机制，5000 余家企业标注新兴业务。实施"航贸金"评价及银税互动绿色融资，发放绿色贷款 108 亿元。新增岗位 11.76 万个、年均增长 36.7%，外贸出口逆势增长 16%，蝉联"中国十大最具投资价值园区"。

四川天府新区：探索全链条生态环境制度联动试点

四川天府新区探索全链条生态环境制度联动试点，助力优化区域营商环境。**一是**建立区域准入及豁免机制。推行环境影响评价（以下简称环评）、排污许可"两证联办"，有效解决企业"一证一跑"问题，目前已在全域推行。在新兴产业园、凤栖基地 2 个园区的主导产业和新区全域范围内加油加气站、汽车摩托车维修场站、含化学生物实验室学校 3 类建设项目试点推行环评（报告表）豁免，为企业节省 40 ~ 80 日入驻时间及 5 万 ~ 13 万元的环评报告编制费用。**二是**探索开展全量许可管理。对新兴产业园内 33 家排污单位开展全量许可，选取开展精细化分配试点，通过调取企业近 3 年废气在线监测数据和年产能满负荷折算年排放量，结合秋冬大气攻坚、夏季臭氧管控，精细分配月排放许可量，以活页形式载明主要污染物月许可排放量。**三是**构建智慧执法监管模式。通过整合生态准入、污防措施、排放情况等前端环境准入管理各环节及排污许可关键要素，化繁为简，分行业制定简明扼要的执法清单，同时配有常见违法行为清单，实现"一企一单"定制化管理。通过在线监测及"视频监控 + 电力监控"的辅助监控措施进行监管，提高执法效率和监管精准度。执法清单已在医院、砖瓦制造、豁免环评的机器人和无人机制造、加油站等行业试点应用。

南京江北新区：以计量测试服务助力生物医药全产业链创新

针对部分中小型生物医药企业无法通过计量测试手段精准分析解决生产过程质

控的难题，南京江北新区积极探寻计量测试与产业发展的深度融合途径。**一是**建设计量测试中心，梳理生物医药计量测试需求。牵头组建国家生物技术药物产业计量测试中心（以下简称中心），以“精准测量”为品牌亮点，分段、分类、分型梳理生物医药全产业链需通过精准计量解决的研发生产问题，提供技术解决服务方案。**二是**打造计量服务体系，制定生物医药计量测试标准。以“突出需求导向、创新服务模式、优化服务举措、产学研融合发展”为核心服务理念，打造校准和可溯源性测试、高端生物分析仪器及制药装备的性能确认、生物特性标准物质定制、洁净环境性能评价、测量过程计量控制和管理等五大重点服务领域，并积极开展生物医药计量标准建设。**三是**整合计量检测资源，培养生物医药计量测试人才。定期选派技术骨干赴中国计量科学研究院等前沿机构进修学习，形成国家—省—市联动的专业化人才合作培养机制，及时掌握最新的行业动态和专业知识，并在此基础上，组织企业的计量测试人员参加培训学习。截至目前，中心已服务企业 500 余家，主持 / 参与科技项目 19 项，制定行业紧缺生物计量方法及技术标准 127 项，在病毒测量、核酸测量、生物大分子测量方面实现国际一流、国内领先。

江西赣江新区：纵深推进绿色金融改革

江西赣江新区是全国首批也是中部地区唯一的绿色金融改革创新试验区。自 2017 年 6 月获批以来，赣江新区深入推进体制机制和产品服务创新，全力推动试验区建设。截至 2024 年末，赣江新区绿色信贷余额达 274 亿元，是试验区获批之初的 9.2 倍，远高于全省绿色信贷增长速度。聚集各类金融机构 200 余家，小额贷款、融资租赁、融资担保、商业保理等地方金融组织业务体量稳居全省前列。先后推出 68 项创新成果，其中 14 项为全国首单首创，22 项为全省首创，江西绿色金融发展指数连续多年与广东、浙江、北京等省市一同跻身全国绿色金融发展水平第一梯队。

重点功能载体

河北雄安新区：全力攻坚启动区主战场

河北雄安新区先行发展示范区轮廓初显。**一是**建设理念引领效果显著。启动区是雄安新区率先建设区域，按照“片区综合开发、宗地融合开发、地块混合开发、地下空间合理开发”的理念，推动实现“建一片、成一片、用一片”，目前，建设已取得阶段性显著成果。**二是**承接北京非首都功能疏解成效初显。中国卫星网络集团有限公司（以下简称中国星网）雄安办公楼 2024 年 9 月竣工，随后公司总部及中国时空信息集团有限公司（以下简称中国时空）等所属 4 家二级公司正式搬迁入驻。2024 年 5 月，中国电信智慧城市产业园正式投入运营，600 余人入驻办公。中国中化、中国华能、中国矿产总部和首批疏解的 4 所高校雄安校区等项目加快建设。一批市场化疏解项目加快落地，中国移动、中国联通互联网产业园项目已基本完工。**三是**配套设施逐步完备。按照职住平衡的理念，锚定打造 5 分钟、10 分钟、15 分钟生活圈目标，建设一批配套设施。市场化项目稳步推进，做好市场化居住配套，保障首批疏解人员有序入驻。公共服务设施加速完善，按照“全面覆盖、适度超前、弹性预留”的原则，“三校一院”建成投运，雄安体育中心、雄安图书馆、9 所学校、3 所幼儿园等一批优质公共服务配套项目具备投运条件。基础设施基本建成，累计建设道路 804 公里、管廊 160 公里，启动区北部主次干路已开始运营，综合管廊已完工，南部部分主次干路已具备通车条件，水电气讯暖同步配套建设。生态设施框架成型，已建成绿化面积达 14000 亩、水系 3195 亩，初步实现 3 公里进森林、1 公里进林带、300 米进公园，处处是游园。

上海浦东新区：加快建设东方枢纽

2024 年 2 月，国务院批复同意设立上海东方枢纽国际商务合作区。2025 年 1 月，上海市人民政府批复同意《东方枢纽及周边地区专项规划（2025—2035 年）》。全力推进东方枢纽建设，更好发挥多重国家战略叠加优势，更好统筹对内对外“两个扇面”开放功能，努力成为枢纽经济的制高点、制度创新的排头兵、产城融合的新标杆。世界级交通枢纽功能建设取得阶段性进展。浦东国际机场四期扩建工程进入重要节点，T3 航站区主体工程正式开工，航站楼总面积将超 170 万平方米，设计容量 5000 万人次，满足“100% 近机位、100% 联程航班、100% 行李自动分拣、60 分钟中转时间”运营目标，预计 2028 年建成。东方枢纽国际商务合作区开放门户加快推进。东方枢纽国际商务合作区先行区初具规模，建设了一批功能性项目，初步构建了一套制度型框架，基本形成了一张战略性愿景蓝图，已挂牌成立东方枢纽国际商务合作区管理局，计划 2025 年年内实现封关运行，境外人员搭乘国际或地区航班自浦东国际机场入区无需中国签证，凭商务合作区综合管理机构备案的有效邀请，仅需国际旅行证件核验和入区卫生检疫。整个国际商务合作区将于 2030 年全面建成，将增强上海全球要素配置功能和开放枢纽门户功能，成为畅通我国经济大循环的新引擎和联通国内国际双循环的新枢纽。

天津滨海新区：中新天津生态城构建绿色建筑建设体系

一是建立政策体系。《中新天津生态城建设国家绿色发展示范区实施方案（2024—2035 年）》等印发实施，明确绿色建筑产业发展方向，为绿色建筑的规划和建设提供支持。**二是**建立标准体系。《中新天津生态城绿色建筑评价标准》第二次修订工作有序推进，持续完善 20 余个标准及导则，涵盖绿色建筑设计、施工、运营、评价等各个环节的全生命周期标准体系。**三是**建立管理体系。建立绿色建筑管理制度，形成涵盖规划、设计、施工、验收等全过程的绿色建筑审批程序，将绿色建筑由“事后申报”，转变成“事前提示、审批把控、过程监督、事后评价”。截至 2024 年底，中新天津生态城建设绿色建筑 2600 万平方米，高星级占比达 93%。其中，126 个项目获得绿色建筑标识，建筑类型包括住宅、学校、办公、商业、医院等多种类型，实现绿色建筑规模化发展。同时，建设了零能耗建筑、被动式超低能耗住宅，积极推动绿色建筑信息化应用，探索绿色金融与绿色建筑协同发展模式，形成了高质量的城市建筑样板。

陕西西咸新区：秦创原打造“四链”融合新模式

一是秦创原以创新为引领，围绕创新链布局产业链。加强创新成果挖掘，组建由258人组成的科技经纪人队伍挖掘创新成果，匹配资源促转化。创新成果转化模式，以“科技成果转化企业”为载体，深度绑定成果持有人与产业化过程。2024年新增科技成果转化企业624家。强化应用场景牵引，开发开放应用场景，推进首台套、首批次、首版次示范应用，举办对接活动推动成果产业化。**二是**秦创原以需求为牵引，围绕产业链部署创新链。搭建技术创新平台，发挥企业出题者作用，构建龙头企业牵头、高校院所支撑、各创新主体相互协同的新型科研组织。开展核心技术攻关，通过征集“揭榜挂帅”项目攻关关键核心技术，解决研发与市场脱节问题，提升产业链创新能力。**三是**秦创原为产业链创新链精准匹配资金和人才。完善“全流程”金融服务，构建“种子—天使—VC—PE”基金矩阵，引导创投资本投早、投小、投长期、投硬科技；推出秦创贷、专利贷、人才贷等89款科技金融产品，累计融资50多亿元；共设立总规模超过133亿元的27只基金。创新“高匹配”人才支撑，组建145支“科学家+工程师”队伍合作攻关，探索“校招共用”模式引才，目前已促成12名高层次人才以该形式落地新区；配套建设人才池、资金池、项目池及对接机制，引进储备103名高端紧缺人才。

贵州贵安新区：贵阳大数据科创城核心区跑出建设“加速度”

贵阳大数据科创城通过基础设施、产业生态、人才服务的立体化构建，不断增强核心区功能，依托向“新”生长的产业集群载体不断拓展产业发展空间，做优做强园区企业服务。2024年，规模以上工业总产值完成63.21亿元；固定资产投资完成101.71亿元；规模以上互联网和相关服务业完成营业收入677.14亿元。**一是**做强基建发展硬支撑。聚焦7.01平方公里的核心区，贵阳大数据科创城紧盯关键环节和重要节点，强化要素保障、做好统筹协调，倒排工期、挂图作战。围绕核心区建设中的“难点”“堵点”问题，通过建立闭环督办机制形成台账，明确责任单位、责任人，定期跟踪复查，有力推进问题快解决、项目快建设。**二是**精准招引厚植投资热土。以抓产业为核心，围绕数字经济核心产业，重点发展大数据、人工智能、云服务等产业，精准发力。围绕“招多少、谁来招、招什么、怎么招、招得怎么样”，大力开展产业大招商行动，通过“基金招”、“招基金”、厂房招商、算力招商、龙头企业招商等方式大力引进配套企业，不断延长产业链。累计招引集聚企业1479家，注册资金超1700亿元，其中大数据企业占比超六成，高质量发展活力日益涌现。

四川天府新区：打造凤栖谷科技创新产业园

凤栖谷科技创新产业园占地240亩，总建筑面积65万平方米，总投资32.5亿元。园区将都市“工业上楼”五要素和公园城市理念相结合，科研部分按照三星级绿色建筑标准规划设计，与新区主管部门联动，在土地、产品、配套方面开展特色创新。园区作为成都科学城高新技术产业园区（筹）内科研院所、科创企业科技成果就近转化平台，结合区域内产业发展基础，规划“航空航天（低空经济）、集成电路、新材料”三大园区主导产业。招商上坚持“圈链构园”，以构建产业链、生态圈的思维开展招商，边建设、边招商，与政府、商协会、企业等形成合力。已成功签约成都天齐聚合新材料技术有限公司、四川省数智传感器检验检测股份有限公司、嘉兆电子（成都）有限公司和四川傲势乐翼科技有限公司4家企业落户园区，实现签约面积3.15万平方米。

湖南湘江新区：高质量推进湘江科学城建设

湘江科学城是湖南打造“三个高地”建设标志性工程之一，湖南湘江新区强化顶层规划，筑牢发展基石，高标准编制的《湘江新区国土空间总体规划（含湘江科学城规划）》经省政府常务会议审议通过。完成5.8平方公里首开区城市设计，全面完成综合交通、电力、能源、防洪排涝等19个专项规划编制工作。牢固树立“项目为王”理念，全力推进项目建设，科技服务中心、湘江院士港、湘江创新港主体结构完成封顶，湖南钢铁集团技术研究院、湖南大学科创港等项目正不断刷新“进度条”，路网、园林绿化、新型电力系统、能源站等基础配套也正在加快建设中，一座高“研”值科学城正从蓝图变为现实。成功举办“湘里乡情话发展——湘商面对面”新春恳谈会、长沙全球研发中心城市集聚区·湘江科学城推介暨“校友回湘”深圳专场活动、湖南湘江新区上海招商推介会等活动30余场次，全年对接洽谈项目181

个，储备重点在谈项目 65 个，已落地中车长沙科技创新中心、初源新材料研究院等项目 29 个。

南京江北新区：加快建设扬子江产业科技创新试验区

南京江北新区全力建设扬子江产业科技创新试验区，加快构建“一港、一园、四基地、八街区”总体布局，倾力打造“产业科技创新枢纽港＋工业软件科学园＋新兴产业科创基地＋成果转化创新街区”协同创新体系，以科技创新引领产业创新，加快培育发展新质生产力。**一是**建设产业科技创新枢纽港，加快集聚高端创新创业资源。按照“一楼一院系、一楼一主题”布局，创新“学科＋产业”模式，吸引集聚知名高校、国内外一流科研机构、领军企业科研中心，打造海内外高校科研机构以及央企、地方国企在宁拓展科研的首选地、优选地。**二是**建设工业软件科学园，提升关键领域创新策源能力。全力抢抓数字经济发展机遇，设置研发核心、成果孵化、合作交流、产业生态、创新展示、政务服务、生活服务七大功能模块，着力打造一批打破国际垄断的工业软件产品，培育建设自主可控工业软件根技术创新策源地。**三是**建设四大产业科创基地，推动优势产业高端攀升。瞄准“国内领先、省内一流”，大力建设集成电路、生命健康、新材料、智能装备四大高水平新兴产业科创基地，突破一批“卡脖子”技术，打造具有全国竞争力的优势科技创新产业集群。**四是**建设八大创新街区，打造科技创新生态圈。整合南京大学、东南大学、南京航空航天大学、南京农业大学、中国药科大学、南京信息工程大学、南京工业大学等驻区高校资源，建设特色化成果转化创新街区；依托江苏省产业技术研究院科技体制改革的“试验田”优势，打造特色化成果转化集聚区，构建创新创业、成果转化、科技服务、校友经济、创新氛围“五位一体”的创新创业生态系统。

福州新区：推进长乐国际机场综合保税区建设

位于福州新区的福州长乐国际机场综合保税区于 2023 年 7 月经国务院批复设立，为福建省首个空港型综合保税区，战略定位为闽东北国际物流贸易枢纽、新质生产力发展引擎及两岸产业融合创新载体，重点发展保税物流、航空维修检测、跨境电商等临空特色产业。规划总面积 1.83 平方公里，分两期建设，建成后将形成“一期成熟运营、二期拓展升级”的发展格局。一期工程占地 0.74 平方公里，于 2025 年 4 月通过海关总署等七部委联合验收。作为与台合作前沿平台，机场综合保税区依托航空枢纽优势，强化海陆空物流联动效应，通过区港联动卡口实现“一次查验、全域通关”，缩短两岸贸易物流时效。同时，以跨境电商、保税加工为突破口，吸引台资企业参与产业合作，推动两岸产业链深度融合。未来，随着基础设施完善与政策红利释放，该综合保税区将成为服务“双循环”的重要节点，助力福州新区构建高水平开放型经济体系，为闽东北区域注入新质生产力动能。

哈尔滨新区：高水平建设深哈产业园

哈尔滨新区坚定贯彻落实党中央、国务院关于促进区域协调发展的战略部署，将服务深哈产业园建设摆在重要位置，深化南北互动、推动优势互补，为助力两地高质量发展作出新贡献。**一是**园区平台建设进一步升级。按照深圳、哈尔滨两市制定的《深圳（哈尔滨）产业园区发展规划（2023—2030 年）》，在 26 平方公里范围内布局建设深圳龙岗产业园、医疗器械产业园、未来交通产业园等 14 个特色产业园区，形成了以深哈产业园 1.53 平方公里核心区为中心，多园区支撑的产业发展新格局。**二是**产业项目建设进一步加快。充分借助哈尔滨工业大学在深哈两地的科研优势和技术成果积累，深入推进“星链”组网、商业航天、低空经济、人工智能等国家战略的落地实施。截至目前，投资 10 亿元的智能机器人岛（一期）已签约卓树足式机器人等产业项目 20 个、总投资 4 亿元。投资 10 亿元的中国星谷（一期）已签约火地往返商业火箭研发制造基地等产业项目 21 个、总投资 17.9 亿元。**三是**科技成果转化产业化成效明显。坚持把深哈产业园作为科技创新引领产业全面振兴的重要承载平台，全面深化与哈尔滨工业大学、中国电子科技集团第四十九所等高校院所科技合作关系，推动科技创新与产业创新深度融合。组建 18 个院士工作站、22 个国家级技术研究中心，攻克电子信息、高端装备等领域关键核心技术 30 余个。2024 年，带动全区科技成果转化 477 项、占哈尔滨市的 37%，新增营业收入 23.7 亿元。**四是**深哈两地技术资源合作取得突破。紧紧抓住深哈两市的比较优势，加快产业合作和市场拓展，源自深圳的黑龙江惠达科技股份有限公司借助农业资源发展植保无人机等设备，在农机智能终端全国市场占有率达到 70% 以上；起步深圳的哈尔滨万鑫石墨谷科技有限公司利用丰富的石墨矿藏，在细分市场的占有率稳居行业第一。新区企业哈尔滨普发新能源装备科技有限公司完成氢气压缩机全国产化研发，氢气压缩机和氢能源设备在深圳、佛山实现了场景应用，进入了全国市场。**五是**持续学习借鉴深圳改革开放经验。累计“带土移植”招投标评定分离、新型工业用地（M0）等深圳经验135项，推动哈尔滨新区自主改革事项553项，创新推出“以照为主、承诺代证”“全程代办、无感续证”等改革，36项改革举措在黑龙江省是首创并在哈尔滨全市推广。围绕“双自联动”，以深哈产业园为试点，统筹推进贸易、投资、通道、平台建设。

江西赣江新区：创新建设中医药科创城

江西赣江新区中医药科创城位于赣江新区核心区，是全国唯一以“中医药”命名的科创城，承担着国家中医药综合改革示范区建设重任。近年来，赣江新区中医药科创城紧紧围绕打造中医药创新中心、创新驱动先行区、高端人才集聚区、产业发展引领区、文化交流传承典范区、健康智慧新城区“一中心、五区”目标，以科技创新引领中医药产业振兴发展。国家中药先进制造与现代中药产业创新中心、中国中医科学院中医药健康产业研究所、国家级技能人才培养综合园区等一批“国字号”平台加快打造，江西省医疗器械检测中心、江西省转化医学研究院等一批研发检测机构先后落户，集聚华润江中制药集团有限责任公司、江西唯铂莱生物制药有限公司等生物医药企业90多家，获批国家级新药8个、中药保护品种12个，以“中医药+”“+中医药”为特色的生命健康产业创新生态加快构建。建成通车里程76.4公里，“八横六纵”骨干路网体系加速成型。南昌师范附属实验小学科创城校区、洪都中医院赣江新区医院、心海书屋、金茂嘉悦酒店相继投入使用，公共服务配套不断完善。星海湖公园、中医药文化公园、神农岭本草科技园开园运营，“500米见公园、300米见花园、100米见游园”的绿色宜居新城初见形象。上海合作组织传统医学论坛先后3次在新区举办，覆盖共建“一带一路”国家和地区20多个，初步实现“办好一次会、搞活一座城”的目标。

重点产业集群

河北雄安新区：聚力打造空天信息和卫星互联网产业链

一是产业顶层设计逐渐强化。制定空天信息产业发展行动计划、卫星互联网和商业航天工作方案、北斗产业高质量发展行动方案和空天信息、低空经济等产业支持政策，构建以中国星网为引领的供应链体系、以航天科技为引领的商业卫星智造产业链体系、以三大运营商和终端厂商为引领的大规模应用体系、以空天联盟为引领的标准制定和配套服务体系等四大体系。**二是**产业承载能力日益增强。依托中国星网、中国时空、中国航天科技集团有限公司、中国航天科工集团有限公司等大型央企供应链、创新链布局产业链，获批成立中国空天信息和卫星互联网创新联盟，并推动联盟申设空天信息科学技术奖，设立雄安空天信息研究院、空中能力层装备研究院，授牌空天信息大厦、雄安商业航天中心、航空航天研发中心等主题楼宇，推动航天科技商业卫星总装项目、信关站、空天信息港等项目加快建设，落地中国航天科技集团商业卫星有限公司等龙头骨干企业 60 多家，涵盖前端技术研发、关键元器件和单机部件生产制造、整机集成与总装、后端应用和运营服务等全链条。**三是**应用示范场景不断拓展。依托雄安未来之城场景汇北斗技术应用大赛等活动打造了一批科技创新与应用示范场景，已落地“北斗 +5G 无源室分”创新场景、“北斗 + 智慧农机”示范应用等项目，初步打造空天信息和卫星互联网产业集群。

上海浦东新区：大力推动人工智能世界级产业集群发展

2024 年，上海浦东新区坚持底层技术突破和应用示范引领“两条腿”走路，大力推动人工智能世界级产业集群发展，产业规模达到 1637.9 亿元，同比增长 7%，产业能级和核心竞争力进一步提升。聚焦全链发力，人形机器人创新活力持续激发。围绕人形机器人整机本体、智能软件、硬件核心零部件等方面加快谋划布局，产业规模已超过 200 亿元。产业全链生态加速完善，出台《浦东新区人形机器人产业高质量发展三年行动计划（2024—2026 年）》，推动张江机器人谷构建“核心部件—整机集成—场景应用”的全产业链优势，初步完成人形机器人规模化数据集和“麒麟”训练场建设，国家地方共建人形机器人创新中心、全球首个全尺寸人形机器人开源社区 OpenLoong 和全国首个异构人形机器人训练场落地启用，张江机器人全球生态峰会成功举办。量产趋势逐步显现，如人形机器人（上海）有限公司开源全球首台全尺寸人形机器人公版机“青龙”，发布首个开源百万真机数据集；傅利叶 GRx 系列人形机器人已在导览咨询、学术科研、医疗康复等领域实现广泛落地应用，2024 年已交付 100 台。

重庆两江新区：加速构建汽车产业新生态

重庆两江新区积极推动龙头引领向“新”而行，全力支持长安、赛力斯与华为深化合作，问界、阿维塔市场份额快速增长，新能源汽车单车价值提升至 22.4 万元，较 2023 年增加近 7 万元。持续完善“渝车出海”通道，2024 年新区汽车及零部件累计出口金额约 370 亿元，同比增长 27%。整零融合快速发展，编制《两江新区关于促进智能网联新能源汽车产业整零协同发展的若干措施》，举办两江新区智能网联新能源汽车创新协同发展大会，现场促成 15 家零部件企业与整车企业建立合作联系；搭建供需对接平台，形成整零长效协同机制，定期更新并双向推送整车需求和供应链能力 2 份清单。2024 年新区直管区汽车产量达 125 万辆、占全市的 49.2%、占全国的 4.0%，其中，新能源汽车产量达 55.4 万辆、占全市的 58.1%、占全国的 4.3%。

浙江舟山群岛新区：大力推进绿色石化和新材料产业发展

浙江舟山群岛新区牢牢把握国家级绿色石化基地建设机遇，大力推进浙江石油化工有限公司 4000 万吨 / 年炼化一体化等重大项目建设，实现了石化工业由小到大的历史性跨越，目前已初步形成了以炼油、烯烃、芳烃等石化产品为源头，覆盖基础化工原料、化工新材料、石化工程配套等领域的石化产业结构。2024 年，新区规模以上石化行业实现工业总产值 2874.9 亿元，同比增长 6.5%，占舟山市规模以上工业的 68.6%，主营业务收入达 2782.9 亿元，利税总额为 285 亿元，石油化工业已经成为新区支柱产业。

贵州贵安新区：全力打造三大产业集群

一是加快推动传统行业数字化、绿色化转型，规模以上工业企业数字诊断达100%，农业和服务业数字化水平不断提升。食品、纺织等产业加快发展，中粮可口可乐饮料、华彬饮料、恒力纺织产业园等项目建成投产。**二是**着力培育主导产业基地建设，聚焦打造面向全国的算力保障基地，累计招引大型及以上数据中心23个，2024年互联网和相关服务业营业收入历史性突破700亿元。华为云智算基地加快建设，中国电信、腾讯等智算中心加快部署，算力规模达56EFLOPS，智算占比突破96%。电子信息制造业加快发展，2024年实现工业总产值69亿元、同比增长168.3%。聚焦打造新能源动力电池及材料研发生产基地，初步形成以奇瑞汽车、宁德时代、比亚迪等为龙头的新能源汽车、电池及材料产业集群，2024年新能源电池及材料产业实现工业总产值76.92亿元、同比增长43.2%。聚焦打造全国重要的产业备份基地，建成中车贵阳贵安时代绿色装备产业基地、航空航天产业孵化基地，2024年先进装备制造业实现工业总产值36.59亿元、同比增长35%。**三是**加快培育新兴产业和未来产业，人工智能产业加快发展，聚焦大模型、数据训练等领域，落地中译语通科技（贵州）有限公司等重点企业。积极发展智能网联汽车产业，加快发展无人驾驶及智能驾驶，建成智能驾驶产业园。机器人产业发展加快推进，建成机器人创新产业园，优地机器人、蓝芯科技等项目建成投产。新型电池产业全面布局，规划建设固态电池产业园，上海琥崧固态电池设备制造项目启动建设。低空经济稳步发展，重点围绕低空航空器整机、零部件及材料等低空制造产业招商，入驻贵州西南中创科技有限公司、贵州贵安新区东江科技有限公司等企业。

青岛西海岸新区：打造船舶海工产业高地

青岛西海岸新区以海洋经济发展为主题，将船舶海工产业确立为战略性支柱产业。目前，依托海西湾船舶海工产业基地，集聚规模以上企业80家，形成千亿元级产业集群发展格局。**一是**不断提升青岛制造硬实力。青岛西海岸新区已聚集100余家船舶海工制造及各类配套服务企业，形成了以修造船、海洋工程装备制造为主，以低速柴油机、燃气轮机、曲轴、船用锅炉、甲板机械、舰船电机、电力推进系统为配套的产业链条。近年来，新区船舶制造企业及部分海工企业的订单饱满，满负荷运转，部分企业排产已经安排到2028年，行业保持较高景气度。**二是**重点突出高端制造水平行业。中国海洋石油集团有限公司成功交付亚洲首艘由我国自主设计建造的圆筒型FPSO（浮式生产储卸油装置）“海葵一号”和我国首个深远海浮式风电平台“海油观澜号”；青岛武船麦克德莫特海洋工程有限公司承揽建设全国首个出口的深海采油平台，采油深度近3000米，达到世界顶尖水平；青岛北海造船有限公司交付全球首艘10万吨级深远海养殖工船“国信1号”，为全球航运巨头达飞集团建造的首艘5500标准箱集装箱船命名交付；国内首台甲醇双燃料低速机（6G50ME-C9.6-LGIM+EGRBP）在中船发动机有限公司成功交验；我国综合性能最强的海上风电施工平台“港航平5”在青岛海西重机码头交付。

湖南湘江新区：持续推进新一代信息技术产业链发展

湖南湘江新区持续推进新一代信息技术产业“芯、软、安、端、网、链”全面发展和迭代创新，汇聚了中电长城科技有限公司、麒麟软件有限公司、湖南湘江鲲鹏信息科技有限责任公司、长沙景嘉微电子股份有限公司、奇安星城网络安全技术（湖南）有限公司、湖南深信服科技有限公司等一批重点企业，形成了以央企为龙头引领、本土企业为支撑的发展格局，拥有湖南先进技术研究院等国家级创新平台32个，汇聚先进计算领域“两院”院士22名，打造了核心芯片全类型国产自主设计产业链条，景嘉微GPU、国科微CPU、长城银河DSP等芯片分别填补国内显示、存储、工控领域技术空白，成为国内唯一实现核心芯片全类型国产自主设计的地区，“六机七芯”产品市场占有率稳居全国之首，“PK”“鲲鹏”协同发展的“两芯一生态”体系成为国内自主安全计算首选技术路线。新一代自主安全计算系统国家先进制造业集群和下一代信息网络创新型产业集群先后晋升为“国家队”产业集群，2024年实现产值和营业收入超1600亿元。

南京江北新区：开展生物医药全产业链开放创新试点

南京江北新区积极开展生物医药全产业链开放创新试点，围绕产品研发、药械审评、临床试验、生产上市、销售流通等全链条开展改革探索，推动生物医药产业技术创新、产品创新、业态创新。**一是**坚持因地制宜特色发展。发挥南京创新资源与人才优势，构建了从特色原料药生产、医工材料及药用辅料生产、原创新药研发生产到基因检测诊断与治疗、高端医疗器械、医疗大数据，再到健康管理的生物医药全产业链。**二是**聚焦技术创新关键环节。从创新主体培育、创新平台建设、创新成果转化、质量标准认证出发，着力畅通“学研产用”服务链条。与东南大学共建并获批长三角首个国家级产教融合创新平台。**三是**优化产业升级全要素配置。通过强化生产要素创新性配置，破解生物医药企业在人才、资金、技术、数据等方面的堵点卡点，助力产业高质量发展。获批国家级生物医药产业知识产权运营中心。**四是**畅通“研产用”服务全链条。发挥“双区叠加”优势，加强政策集成创新，优化从研发、生产、审批、应用的全流程服务。挂牌设立全省首家区域医学伦理审查委员会，上线长三角首个区域伦理协作审查数字化平台，打造全省首个具备生物特殊物品快速进口功能的“一站式”服务贸易平台。

福州新区：纺织产业形成全链条发展格局

福州新区（长乐区）在我国纺织工业中占据着举足轻重的地位，是全国最大的锦纶民用丝生产基地、经编花边面料和化纤混纺纱生产基地，分别占据着全国1/3、60%和50%的产能。经过多年的快速发展，福州新区纺织产业已形成从石化化纤原料到化纤、棉纺、针织、染整、服装、纺织机械等全链条发展格局，年产值超1600亿元。其中，恒申控股集团有限公司和福建永荣锦江股份有限公司等龙头企业，已经发展成为全球锦纶行业的佼佼者。近年来，福州新区紧扣工业互联网建设主线，积极布局数字平台，深化人工智能、大数据、5G等技术应用，打通设备、订单、生产、供应链各环节，赋能传统制造向智能化、数字化迈进。平台搭建成势，应用场景加速落地。作为核心平台之一，福建（长乐）纺织工业互联网平台自2020年上线以来，已接入652家纺织企业，连接设备超万台，构建15大应用场景，涵盖化纤、织造、染整等多个细分领域，贯通产业链上下游。平台通过工业App、数据建模、标识解析等技术，助力企业实现设备智能监测、生产优化调度与全链溯源管理，提升整体运营效率。从“千人纱、万人布”到“智改数转、数智赋能”，传统纺织产业正在新区悄然嬗变。“云、管、端”一体化的5G智慧工厂，实现了全流程的全面链接、高效协同，大幅提升运营效率，助力工厂降本增效。

云南滇中新区：以工业设计为抓手打造面向南亚东南亚国际交流辐射窗口

云南滇中新区锚定云南省“3815”发展目标，紧盯昆明“六个春城”建设，以建设工业设计公共服务平台为中心任务，通过创建区域公共品牌，提升区域设计水平，提高区域产品价值，更好赋能制造业高质量发展。**一是**设立“两亚创新设计研究院”，助力昆明建设面向南亚东南亚的区域性中心城市。由新区国有平台公司与国内知名专业设计团队共建的“云南滇中・两亚创新设计研究院”已正式挂牌运营，该研究院聚力建设“面向南亚东南亚创新设计公共服务平台”，致力于打造面向南亚东南亚的集设计推广、活动组织举办、产品设计、市场策划等于一体的国际设计交流平台，彰显昆明在省内乃至南亚东南亚区域产业分工中的地位，推动与南亚东南亚国家（地区）在工业设计领域的深度合作，共同提升区域工业设计水平，促进资源共享和优势互补，实现产业链、供应链的深度融合，助推面向印度洋国际陆海大通道加快建设。**二是**举办首届“春城有礼”城市礼物设计大赛，助力昆明塑造滇韵名城。首届“春城有礼”城市礼物设计大赛以“有一种叫云南的生活，有一份来自春城的礼物”为主题，通过现代科技与设计理念，创新设计作品展现云岭大地之美，共设置“春城印象”城市礼物、国潮云品（民族文化及非遗传统）、未来科技美好生活 3 个组别。大赛历时 140 天，共吸引 1380 家企业、院校及个人参赛，征集作品总数 2298 件，初评入围作品 355 件，最终 34 件作品通过复评成功入围终评，角逐 31 个奖项。**三是**设立城市区域公共品牌“春天礼”，助力昆明打造国际旅游目的地。大赛组委会委托新区国有平台公司注册“春天礼”区域公共品牌，促进大赛设计成果转化，品牌具有“春城”的独特性和辨识度，通过“一礼知春城”核心理念传递城市精神，讲好城市故事，传达“有一种叫云南的生活，有一份来自春城的礼物”理念，打造城市礼物爆品并形成产业供应生态链，成为昆明官方文旅品牌。“春天礼”品牌已于 2025 年 4 月 19 日正式发布，并同步在昆明长水国际机场向全球展示昆明城市区域公共品牌形象。未来两年，滇中新区将依托“春天礼”品牌效应、线上流量、产业园区配套三个发展要素，规划建设“春天礼”云仓储基地，以满足区域电商平台的发货需求，形成亿元级产业规模。

哈尔滨新区：点燃冰雪经济发展新引擎

哈尔滨新区紧扣“特色国际文化旅游聚集区”定位，以服务保障亚冬会为契机，不断深化文旅产业供给侧结构性改革，努力塑造将“冰天雪地”转化为“金山银山”的新动能新优势。**一是**圆满完成亚冬会服务保障。哈尔滨新区积极承担亚冬会服务保障任务，为赛事成功举办贡献力量。六个非竞赛场馆每天安排数百名工作人员，高质量完成亚冬会开幕式分会场演出的服务保障工作。亚冬会的成功举办激发了全体干部职工奋发有为的热情和斗志。**二是**打造明星景区。加快推进文旅产业“破圈生长”“四季绽放”，哈尔滨冰雪大世界打造世界最大室内梦幻冰雪馆，黑龙江东北虎林园等景区景点完成提档升级，哈尔滨市侵华日军第七三一部队罪证陈列馆参观人次首次突破 300 万，3A 级以上景区增至 13 家。全年重点景区景点门票收入约 11.29 亿元，同比增长约 20%；接待游客 1100 万人次，同比增长约 10%，各项数据均创历史新高。**三是**塑造冰雪亮点。新建“尔滨之心”欢乐岛、“心飞扬”滑雪场和“心律动”冰雪运动乐园等冰雪文旅项目，打造冰雪娱乐新业态。**四是**擦亮文体品牌。成功承办上海合作组织雪地自行车赛、2024 年哈尔滨亚洲速度滑冰马拉松、亚冬会开幕式分会场等体育赛事活动，协办 2024 哈尔滨马拉松等国际国内大型体育赛事。组织“哈尔滨新区开江民俗文化周”“2024 年哈尔滨风筝音乐汇活动”等活动，打造跨界融合新消费新场景。加强创意设计赋能，7 家新区工业设计企业荣获“红点奖”等国际奖项 18 个，“渔嘉鳌”“尔滨礼物”等品牌的一大批文化创意产品深受国内外游客喜爱。

长春新区：加速构建生物医药产业新生态

长春新区是享誉国内外的疫苗生产基地和基因药物生产基地，集聚医药健康生产、研发、检测等企业约 940 家，其中规模以上工业企业 38 家，高新技术企业 80 家、专精特新企业 77 家（国家级 3 家、省级 29 家、市级 45 家），全产业链产业规模突破 500 亿元，2024 年工业产值达 257.3 亿元，同比增长 7.8%。在中国生物技术发展中心发布的“2022 年国家生物医药产业园区综合竞争力排行榜”中，位列全国第 14 位，蝉联东北地区之首，居全国第一方阵；在 2024 年中国生物产业大会上，入选

“生物制造领域重点高新区 / 经开区 Top20”，居全国第四位、东北地区首位。经过多年发展，长春新区已形成以生物药为核心、医疗器械和现代中药为特色的医药健康产业格局，全区集聚了长春高新、金赛药业、百克生物、迪瑞医疗等一批行业领军企业，构建了生物药、现代中药、化学药、医疗器械、精优食品等多个特色细分集群。2024 年，全区生物医药规模以上企业产值中，生物药占比 70.7%，医疗器械占比 13.6%，现代中药占比 7.4%，精优食品占比 5.7%，化学药占比 2.6%。在生物药领域，长春新区是首批国家级生物产业基地的产业核心区，全区生物药相关企业共 245 家，涉及研发的企业 230 家。在医疗器械领域，长春新区医疗器械产业相关企业 483 家，涉及研发的企业 124 家，现已形成以 IVD 体外诊断试剂为龙头引领，医美材料、激光设备两驾马车齐头并进的发展态势。在现代中药领域，长春新区是国家中药现代化科技产业（吉林）基地的三个区域发展中心之一，拥有修正集团、普华制药、中研制药、白求恩制药、雷允上制药、万通药业等中药生产及研发企业 44 家，涉及研发的企业 27 家。在精优食品领域，长春新区在食品领域涵盖乳制品、粮食制品、焙烤食品、肉制品、营养食品等，规模以上工业企业 9 家。在化学药领域，长春新区在环保政策实施前，拥有一些化学药生产企业，现阶段共有相关企业 55 家，涉及研发企业 49 家。在医药商贸流通领域，长春新区依托国药控股、华润医药、九州通、上海医药、重庆医药、旷华医药等医药流通领域龙头企业，构建了完善的医药流通网络，涉及批发、零售的企业超 2300 家（限额以上企业 36 家）。

江西赣江新区：培育打造数字经济产业链

江西赣江新区积极抢抓数字经济发展新机遇，因地制宜培育发展数字营销、网络微短剧、数据要素、工业软件等数字经济新业态新模式，打造儒乐湖数字经济产业园、数字经济港、永修数字经济产业园、共青城数字经济产业园等一批数字经济特色园区，2024 年数字经济核心产业营业收入达 367 亿元，近 3 年经营主体数翻了一番，赣江新区数字产业版图不断扩张升级。联合抖音集团共建全国首家数字营销行业产教融合共同体，吸引 50 多家高校参与合作，全国数字营销产教融合基地建设取得阶段性进展。网络微短剧产业快速布局，依托本地 20 世纪 80 年代老城原始风貌和儒乐湖片区现代新城打造古装剧、年代剧、现代剧、AI（人工智能）虚拟场景四类微短剧拍摄场景 70 余个，2024 年 6 月至今已有 30 多家知名企业落户新区，拍摄微短剧并完成备案 110 多部。江西首家网络微短剧备案服务中心、网络微短剧版权快维中心先后在新区挂牌成立，微短剧“产业链一件事”“剧管家”“项目管家”等创新范式不断细化，“政策最优、审批最快、人才最齐、场景最全、维权最强”的全国一流网络微短剧产业体系加快打造。构建数据标注、生产、交易和保护全产业链，引入北京百度网讯科技有限公司、协鑫能源科技股份有限公司、软通动力信息技术（集团）股份有限公司、深圳标普云科技有限公司等头部企业，开展大模型、智能驾驶、医疗影像等行业数据加工标注业务，打造行业“数据工厂”。启动建设江西省工业软件先导区，江铜集团与海克斯康共建的赣江新区智慧矿业软件创新中心、软通动力数字技术高新产业基地、中泰工业软件研发及设计外包基地等重大项目相继落户，赋能企业数字化转型，培育打造“数字领航”“小灯塔”“数智工厂”等行业标杆 50 余家。

重点工程项目

重庆两江新区：重庆赛力斯超级工厂完工投用

赛力斯汽车有限公司在重庆两江新区龙兴新城打造了一个运用物联网、大数据、数字孪生、5G、AI、BIM（建筑信息模型）等新一代信息技术并且全球领先的超级智慧工厂，占地面积2700余亩，总建筑面积93万平方米，总投资110亿元，于2022年8月开工建设，2024年9月完工投用。围绕整车高端化、供应链集成化、创新自主化、生态协同化四大任务，实施四项行动，加快提升产业能级，成为高端智能网联新能源汽车灯塔工厂。工厂生产的AITO问界M9是赛力斯汽车与华为联合设计、深度赋能的高端车型，搭载华为智能汽车全栈技术解决方案，全量“上车”华为十大智能汽车核心技术模块，在智能科技、智能空间、智能安全、智能驾控等多个领域实现突破，为用户带来良好的驾乘新体验。

兰州新区：打造百万吨级“新能源新材料储能之谷”

兰州新区立足省内资源要素聚集和原材料产能现状，高标准规划布局建设100平方公里的新材料产业园，重点发展金属新材料、新能源材料、光电新材料、新型建材、前沿新材料等产业，着力打造新能源新材料产业集群。目前，园区已建成面积达12平方公里，累计引进产业项目87个、总投资500亿元，建成投产项目44个，集聚了以甘肃德福新材料有限公司、甘肃海亮新能源材料有限公司、宝武碳业科技股份有限公司、兰州宏彬新能源发展有限公司等为代表的一批国内头部新能源新材料企业，金川集团磷酸铁锂正极材料项目、融捷负极材料等项目加快建设，构筑起以龙头企业为核心的新能源新材料产业链。兰州新区新材料产业集群获评“省级先进制造业集群”，甘肃海亮新能源材料有限公司成为全省首个“中国隐形独角兽500强”企业，甘肃德福新材料有限公司获评国家级绿色工厂。新能源新材料项目全部达产后，兰州新区将拥有年产60万吨负极材料（碳材料）、35万吨高性能电解铜箔、

20 万吨磷酸铁锂正极材料等产业集群，将成为全球最大的高性能铜箔研发生产基地、百万吨级“新能源新材料储能之谷”。

广州南沙新区：“梦想”号大洋钻探船正式入列

2024 年 11 月 17 日，由我国自主设计建造的首艘大洋钻探船“梦想”号在广州南沙新区正式入列，标志着我国深海探测关键技术装备取得重大突破。习近平总书记致贺信表示热烈祝贺。“梦想”号具备全球海域无限航区作业能力，可在 6 级海况下正常作业、16 级超强台风下安全生存，满足全球主要海域桥梁通行及码头停靠条件。钻采系统国际领先，国际首次创新集成大洋科学钻探、深海油气勘探和天然气水合物勘查试采等多种功能，联合研制全球首台兼具油气勘探和岩心钻取功能的液压举升钻机，具备 4 种钻探模式和 3 种取心方式，最大钻深可达 11000 米，有望实现“打穿地壳、进入地球深部”的科学梦想。科考实验功能国际领先，“梦想”号堪称海上移动的“国家实验室”，建有基础地质、古地磁、无机地化、有机地化、微生物、海洋科学、天然气水合物、地球物理、钻探技术等九大功能实验室，总面积超 3000 平方米，配置全球首套船载岩心自动传输存储系统，可满足海洋领域全学科研究需求。信息化水平国际领先，建成“船舶智慧大脑”，可实时汇聚分析 2 万余个监测点数据，实现作业智能监测、实验智能协同、健康智能保障、船岸智能融合。

青岛西海岸新区：青岛港升级打造干散货码头新标杆

青岛西海岸新区紧扣国家战略需求，依托青岛港，以董家口港区“双 40 万吨级矿石码头”建设为引领，推动矿石码头深水化、智慧化升级，形成三大成效。**一是**深水布局扛鼎国家战略，董家口港区新建 40 万吨级矿石码头年设计通过能力 1600 万吨，与既有 40 万吨级码头形成联动，配备 125 万平方米堆场及 15 公里工艺链，破解大型矿船压港难题。项目建成后，青岛港铁矿石接卸能力跃居全球前列，成为服务“一带一路”贸易的深水枢纽。**二是**数智革新领跑行业标准，首创“全域自动化”模式。构建数字孪生管控平台，实现设备智能调度与作业全流程可视化；研发沉箱全生命周期智能评估系统，搭建“海陆空”立体巡检网络；主导编制国内首部交通工程智慧工地建设团体标准《交通工程智慧工地建设技术要求》，其 BIM 动态模拟技术获青岛市科技进步奖一等奖。创新临时钢便桥工艺，施工效率提升40%，智慧化水平国际领先。**三是**产能协同赋能港产融合，“双40万吨级码头”释放1600万吨增量空间，对外深化与巴西、澳大利亚矿产合作，对内降低山东钢铁产业集群15%的物流成本。同步建成的泛亚码头集装箱泊位（年通过能力新增70万标准箱）、董家口12万吨级油品码头（年通过能力995万吨）及粮食筒仓三期工程（仓储16万吨），形成矿石、原油、粮食多货种联动格局。青岛港第二座40万吨级矿石码头正在建设，2025年投产后将实现“双40万”协同运营，重塑全球干散货码头标杆，为交通强国建设注入强劲动能。

大连金普新区：大连松木岛化工新材料中试基地正式启用

大连松木岛化工新材料中试基地总投资4.5亿元，占地面积10万平方米，建筑面积4.7万平方米，主要建设中试车间、仓储服务设施、智慧化管理平台、公共检测中心及配套基础设施，可提供循环水、冷冻水、纯水、氮气、压缩空气、蒸汽等满足中试项目需求。大连松木岛化工新材料中试基地产业定位为高分子材料、能源材料、功能性化学品材料三个大类九个细分领域，通过搭建共性技术和专业功能性中试平台，最大限度化解化工类科研项目没有中试放大实验场所的问题，加速科技成果转化进程，通过政府引导，推动“政、产、学、研、金、服、用”资源整合。目前已完成辽宁滨海实验室中试示范基地战略合作、苏州星日新材有限公司紫外光固化热熔压敏胶中试项目、中国科学院大连化学物理研究所高端聚酯中试创新平台项目等6个中试项目签约。

湖南湘江新区：虞公港一期开港运营助力长株潭通江达海

虞公港位于湘江入洞庭湖咽喉处和“四水”交汇点，是湖南打造“一枢纽、多重点、广延伸”港口体系的重要组成部分，定位为“城陵矶港区的延伸港、大宗散货集散中转港和服务长株潭地区的深水港”，全年通航能力达5000吨，丰水期通航能力可达1万吨以上，建成投产后可将长江黄金水道向湖南内陆延伸近100公里。湖南湘江新区自2022年开始大力推进虞公港建设，加快布局“公铁水联运、港产城融合”，2024年长沙临港产业开发区获正式批复设立，虞公港一期工程4个泊位建成投运，10 公里集疏运公路全面通车，22 公里铁水联运专线加快建设，国家战略物资储备长沙基地项目等重大产业项目签约落地。

南京江北新区：将南京北站建成北沿江高铁最大枢纽客站

南京北站作为长江经济带综合交通枢纽建设的重大工程，是北沿江高铁规模最大的枢纽客站，是南京唯一集高速铁路、城际铁路、普速铁路于一体的大型铁路枢纽、南京构建直连全国的“米”字形高速铁路网络的关键节点、江苏高铁发展“苏中提升”“苏北崛起”的重要节点。南京北站于 2024 年 9 月开工建设，预计 2027 年 10 月具备开通运营条件，具备全向发车能力；建成后将串联中西部 6 省 1 市，成为长三角北翼的核心枢纽，年旅客发送量可达 3650 万人次，可容纳高达 13500 人的高峰客流。同时，南京北站将规划建设 14.4 平方公里枢纽经济区，打造产业科技创新枢纽港，吸引集聚知名高校优势学科、国内外一流科研机构、领军企业科研中心，并依托宁滁城际等线路强化对苏皖腹地辐射，通过“交通 + 产业 + 功能”三重升级，加速区域协同从“行政联动”向“功能融合”跃迁，对服务构建全国统一大市场、深入推进实施扩大内需战略具有重要意义。

长春新区：打造精细化工新材料产业发展新高地

长春北湖精细化工新材料产业示范园是长春市唯一通过新建认定的化工园区，也是吉林省“十四五”推动石化产业高质量发展的重点工程项目。园区位于长春新区战略性新兴产业发展的核心腹地，总投资约为 178 亿元，总规划面积 9 平方公里。园区联合国科科技创新投资有限责任公司、中国科学院长春应用化学研究所、吉林大学、长春理工大学、长春工业大学，高标准建设“一轴两心四区”的产业空间布局。“一轴”即以福昌大街为轴，打造产业发展主轴；“两心”即打造智慧管理核心和成果转化核心；“四区”即打造高分子合成材料制造产业区、化学药品原料药制造产业区、专用化学品制造产业区、新材料中试及产业放大基地四大功能区。重点发展精细化学品、化工应用新材料、化学药原料与制剂、先进高分子材料、原材料及中间体、高端专用化学品和新型能源等产业，打造精细化工新材料的创新基地、高价值的生产基地，打造绿色、安全、智能的高品质专业化特色园区，建成后将促进省市生物医药、新材料、精细化学品等产业发展，实现产业基础高级化和产业链现代化。与同样专注产业专业化的光电智能产业园、航天信息产业园联动，实施差异化定位。长春新区联合中国科学院长春应用化学研究所共建“长春新区模式”，打造“园中园”，加快建设精细化工产业园新材料中试及产业放大基地，加速科技成果转化，加强精细化工产业园区内外联动，构建园区内做材料，园区外做制品、部件、终端等产品的完整链条，聚焦高附加值的光电显示材料、特种工程塑料、生物医用材料、复合材料等行业，实现产业集聚发展。

第三篇　新区巡礼

上海浦东新区

一、基本情况

上海浦东新区位于上海市东部，西靠黄浦江，东临长江入海口，面积 1210 平方公里，下辖 12 个街道、24 个镇，2024 年末常住人口 578.58 万人，2024 年实现地区生产总值 17752.3 亿元，同比增长 5.3%。经过 30 余年发展，浦东新区已从过去以农业为主的区域，变成了一座功能集聚、要素齐全、设施先进的现代化新城。

1990 年 4 月 18 日，党中央、国务院宣布开发开放上海浦东。1992 年 10 月 11 日，国务院批复设立上海市浦东新区。1993 年 1 月 1 日，浦东新区管理委员会揭牌成立。2000 年 8 月 8 日，浦东新区人民政府揭牌成立。2005 年 6 月 21 日，国务院批准浦东新区在全国率先开展综合配套改革试点。2013 年 9 月 29 日，中国（上海）自由贸易试验区在浦东新区挂牌。2015 年 4 月 27 日，上海自贸试验区扩区至 120.72 平方公里。2019 年 8 月 20 日，中国（上海）自由贸易试验区临港新片区揭牌。2021 年 7 月 15 日，《中共中央 国务院关于支持浦东新区高水平改革开放打造社会主义现代化建设引领区的意见》（以下简称《引领区意见》）正式发布。浦东开发开放 30 多年取得的显著成就，为中国特色社会主义制度优势提供了最鲜活的现实明证，为改革开放和社会主义现代化建设提供了最生动的实践写照。

浦东新区的战略定位是推动浦东高水平改革开放，为更好利用国内国际两个市场两种资源提供重要通道，构建国内大循环的中心节点和国内国际双循环的战略链接，在长三角一体化发展中更好发挥龙头辐射作用，打造全面建设社会主义现代化国家窗口，具体包括更高水平改革开放的开路先锋、自主创新发展的时代标杆、全球资源配置的功能高地、扩大国内需求的典范引领、现代城市治理的示范样板五方面。浦东新区的发展目标是，到 2035 年，浦东现代化经济体系全面构建，现代化城区全面建成，现代化治理全面实现，城市发展能级和国际竞争力跃居世界前列。到 2050 年，浦东建设成为在全球具有强大吸引力、创造力、竞争力、影响力的城市重要承载区，城市治理能力和治理成效的全球典范，社会主义现代化强国的璀璨明珠。

二、2024 年高质量发展成效

（一）稳增长“组合拳”持续加力，经济向好态势不断增强

经济运行回升向好。全年地区生产总值达 17752.3 亿元，同比增长 5.3%。规模以上工业总产值完成 1.32 万亿元。规模以上社会服务业营业收入超过 1.2 万亿元。战略性新兴产业制造业产值占工业总产值比重达到 50% 以上，集成电路、生物医药、人工智能三大先导产业规模达到 9000 亿元。

发展活力持续增强。搭建引领区企业座谈会、外企圆桌会议等交流沟通平台，企业问题诉求解决率达 91%。举办 300 余场投资促进活动，累计落地重点项目 600 个、总投资达到 2532 亿元，首家数据科技央企——中国数联物流信息有限公司在浦东成立，中国矿产资源集团国际供应链有限公司落户新区。新增规模以上工业企业 126 家、服务业企业 485 家、批发和零售业企业 393 家、住宿餐饮业企业 118 家。

政策效应充分释放。制定实施人形机器人、生产性互联网服务平台、专业服务业等高质量发展支持举措。推进营商环境综合示范区建设，累计发放 1.3 万张行业综合许可证，颁发全国首张融合业态行业综合许可证。建立支持小微企业融资协调工作机制，开展“政银担企”合作，中小微政策性融资担保贷款规模超过 200 亿元。帮助 1.3 万余家民营企业获得贷款 539.2 亿元。

十八金刚　众创未来——人形机器人先锋阵列

招商服务一体化统筹推进。成立浦东新区投资促进服务中心。在生物医药、集成电路、智能网联汽车等领域成立 6 家产业服务公司。开展超级企业培育计划，聚焦重点赛道形成首批 27 家企业培育名单，制定“一企一策”发展方案。加强招投联动，累计培育创新型中小企业 4169 家、专精特新中小企业 2298 家、专精特新“小巨人”企业 252 家。

（二）高水平改革开放不断深化，一批标志性成果落地见效

引领区建设深入推进。根据《引领区意见》制定的浦东新区实施方案 450 项任务完成 95.8%。浦东新区综合改革试点 11 条创新举措和典型经验向全国推广，全国首家外国仲裁机构业务机构、中东地区外国专利代理机构驻华代表处落户。出台保税维修、商事调解、建筑师负责制等 4 部浦东新区法规，推出公平竞争审查、知识产权技术调查官管理若干规定等 10 部管理措施。

自贸试验区提升战略稳步快进。高水平制度型开放总体方案“80 条”完成 95%，落地全国首笔航贸再保险费数字人民币跨境支付业务、银行间市场首单资产支持证券跨境转让业务，试点放宽非居民并购贷款限制。科创企业跨境知识产权服务工作站正式启用。“丝路电商”合作先行区中心功能区加快建设，13 个国家馆和商品中心入驻“全球汇”。

区域协同发展逐步深入。拓展长三角国家技术创新中心功能。深化长三角资本市场服务基地品牌建设，开展“基地走进长三角”“科创沙龙”等品牌活动。拓展上海自贸试验区“一带一路”技术交流国际合作中心功能和辐射范围。深化“丝路电商”合作先行区建设，开展跨境电子发票互操作、电子提单等创新性试点。

（三）国际化资源配置显著增强，金融贸易航运核心功能持续提升

金融集聚效应扩大。落地全国首单以人民币结算的国产飞机跨境租赁项目，上海期货交易所铅、镍、锡和氧化铝期权成功上市，上海股权托管交易中心专精特新专板开板运营，法巴证券等外资金融项目落地，新增金融机构 33 家。

贸易新动能不断加强。离岸贸易规模达 910 亿美元左右、同比增长 64.9%，服务贸易进出口总额超 1159.4 亿美元、同比增长 9.8%。新增跨国公司地区总部 30

家、全球营运商培育企业 45 家、市级国际贸易分拨中心示范企业 53 家、各类首店 215 家。

航运创新业务试点启动。试点全国首单海关特殊监管区邮轮物资直供模式、保税绿色甲醇燃料“船对船”加注作业、国际航行船舶药械供应。洋山特殊综合保税区扩区区域完成封关验收。希腊航运财务管理人协会落户。

（四）现代化产业体系加快构建，产业能级和核心竞争力进一步提升

产业集群发展壮大。高端通用芯片设计产业集群入选国家级中小企业特色产业集群。40 多家企业发布垂类大模型产品，16 个大模型完成备案。打造全球首个全尺寸人形机器人开源社区 OpenLoong，人形机器人整机产品发布。大飞机规模化系列化建设项目启动。我国自主研制的 300 兆瓦级 F 级重型燃气轮机成功点火。

国产大飞机 C919 正式交付国航、南航

产业空间持续优化。新开工产业项目 33 个，新竣工 13 个。市级特色产业园区新增 2 家，总数达 18 家。36 个项目列入市级优质智造空间。张江创新药产业基地、

张江医疗器械产业基地等实施整体改造。

产业生态不断完善。国家地方共建人形机器人创新中心、国际先进技术应用推进中心（浦东）、国家人工智能新药研发平台等一批创新平台密集落地。集成电路、生物医药母基金和未来产业基金落户浦东。新增大企业开放创新中心 16 家、外资研发中心 15 家。

（五）高品质城区建设更显韧性，宜居宜业美丽新区成效显著

现代化城区加快提质。小陆家嘴明珠环完成绿化提升。前滩公园巷、富城路和即墨路步行街开街。陆家嘴水环向市民全线开放。建成 5 个市级美丽乡村示范村、20 个市级乡村振兴示范村。

生态建设增色提亮。完成 11 个生态清洁小流域项目建设，创建 3 个“水美村庄”、2 个“水美社区”。新增绿地 310 公顷、绿道 48 公里、森林 5068 亩，环境空气质量优良天数比例达到 90.7%。增加各类公园 40 座，189 座公园 24 小时开放。

城市治理明显提效。91.5% 的行政村实行农村物业化服务，在全国首次试点以街镇为基本覆盖范围的区域物业联盟模式。“一网统管”视觉中枢系统完成 13.6 万路视频资源高效联通，汇集水位水质监测仪、烟雾传感器等设备 9.3 万个。

三、2025 年发展展望

（一）强化政策措施协同配合，激发高质量发展新动力

全方位促消费扩投资。加快国际消费中心建设，打造票根经济、宠物经济、谷子经济等新业态新动能，大力发展体验消费、服务消费，拓展时尚化、主题化、智慧化消费场景。积极创建国际友好商场示范点，提升入境消费便利度。

推动外贸外资稳定发展。发展人民币离岸交易、跨境贸易结算，丰富商品期货、金融期货品种。出台稳外贸稳外资“加强版”措施，实施跨境服务贸易负面清单，推动大宗商品跨境套保业务试点。培育发展跨国公司设立多功能总部、亚太区总部、事业部全球总部等高能级总部。

优化一流营商环境。一体化推进投资促进和企业服务，组建专业服务平台。助力民营企业稳健经营和健康发展。积极推广信用承诺制和信用分级分类监管，加强中小微企业融资信用服务。

（二）深入落实国家重大战略，提高改革开放引领力

强化系统性改革成效。深化落实浦东新区综合改革试点，谋划制定第二批授权事项清单，出台放宽市场准入特别措施。完成国家知识产权保护示范区创建。持续拓展长三角自贸试验区联盟、长三角资本市场服务基地功能。

提升制度型开放水平。加快高水平制度型开放 2.0 版方案出台实施。放大外商独资医院、国债期货交易等试点效应，探索在互联网、教育、文化等领域扩大开放。积极参与高质量共建“一带一路”，持续建设“丝路电商”合作先行区中心功能区。做优“走出去”综合服务体系。

完善高质量立法保障。在自由贸易账户、医疗器械融资租赁、商业秘密保护等领域，推出新一批浦东新区法规和管理措施。加强对已出台立法项目的推动实施、宣传解读和总结评估。

（三）坚持以科技创新为引领，培育发展新质生产力

建设活力四射的张江科学城。强化张江综合性国家科学中心集中度和显示度，建设大科学设施。构建多层次孵化体系，加快载体建设。推进创新研发、孵化转化、生产制造等紧密协同，打造具有创新策源意义的“核爆点”。加大超级企业、独角兽企业、专精特新企业培育力度，构建由顶天立地的大企业、铺天盖地的中小企业和源源不断的创业企业共同组成的热带雨林式产业生态。

提升高端制造的硬核实力。全力打造世界级三大先导产业集群。开展生物制品跨境分段生产试点。加快“空天陆海能”高端装备和智能终端发展，扩大大飞机产能，特斯拉储能超级工厂正式量产。建设未来产业先导区，支持人形机器人规模化量产。

推动服务业创新发展。实施专业服务业提升行动，培育壮大一批面向制造业的科技研发、人力资源、供应链等专业服务机构。深化医产融合，优化创新药支付和入院使用机制。积极打造国货潮品品牌。实施互联网平台经济三年“倍增计划”。

（四）提高更新建设水平，营造城市空间新活力

优化空间功能布局。加强街区园区社区有机融合，营造全龄友好的公共开放空间。围绕硅巷、智造空间、特色产业小镇等新兴空间建设，增强城区对园区的辐射

带动。加快城乡互联互通。创建嵌入式服务设施建设先行先试社区。

拓展绿色生态空间。实施美丽浦东建设三年行动计划。推进绿道、绿地新建，各类公园新增、改造。聚焦一环贯通、水岸联动、三生融合、四季有景，完善城市滨水新空间。全力打造“无废城市”。

推动乡村全面振兴。大力发展种源农业，建设农业科创中心。构建现代设施农业片区，完成无人农场建设。做强浦东农产品品牌。分类实施“三百工程”，全力推进示范村、精品村、美丽村创建。持续优化农村人居环境。

天津滨海新区

一、基本情况

天津滨海新区位于天津东部沿海，距离天津市区 40 公里、河北雄安新区 185 公里、北京通州区 160 公里，行政区划面积 2397.59 平方公里。下辖天津经济技术开发区、天津港保税区、天津滨海高新技术产业开发区、天津东疆综合保税区、中新天津生态城 5 个国家级开发区和 21 个街镇，实有人口 243.7 万人。

2006 年 5 月，国务院颁布《关于推进天津滨海新区开发开放有关问题的意见》，滨海新区开发开放正式上升为国家发展战略。2009 年底，根据国务院批复，滨海新区行政区成立。2015 年 6 月，党中央、国务院印发《京津冀协同发展规划纲要》，明确赋予滨海新区京津冀协同发展战略合作功能区定位。2019 年 10 月，国务院出台《关于支持天津滨海新区高质量发展的意见》，赋予滨海新区新时代新定位新使命。2024 年 7 月，国务院印发《进一步支持天津滨海新区高质量发展的若干政策措施》，标志着滨海新区从“开发开放”进入到“高质量发展”的新阶段。

2024 年，滨海新区实现地区生产总值 7842.98 亿元、同比增长 5.5%；一般公共预算收入达 596.5 亿元、同比增长 5.5%、税收占 84.8%；固定资产投资同比增长 3.7%，规模以上工业增加值同比增长 5.5%，规模以上服务业营业收入同比增长 10.4%，城镇居民人均可支配收入为 67670 元、同比增长 4.7%。

二、2024 年高质量发展成效

（一）科技创新引领产业发展

2024 年，滨海新区规模以上高技术制造业产值同比增长 8.1%，战略性新兴产业产值同比增长 5%，技术合同成交额超 800 亿元。中国资源循环集团有限公司正式成立，国投生物制造创新研究院有限公司、中国东方红卫星股份有限公司等央企分支机构落户，国家管网集团设立科学技术研究总院分公司。化学与物理电源等 4 个全国重点实验室获批。脑机交互技术实验室等 5 家单位纳入京津冀国家技术创新中心创新平台建设体系。南港 120 万吨 / 年乙烯等一批重大项目建成投产，长城汽车、一汽大众等相继导入 7 款新车型，中船（天津）船舶制造有限公司制造基地等项目加快建设。

丰田海外首家完整的全新全球架构工厂——一汽丰田新一工厂

（二）优化提升港航功能

《天津港总体规划（2024—2035 年）》获批，天津港集装箱航线达到 147 条，2024 年集装箱吞吐量达 2329 万标准箱。天津—石家庄中欧（亚）班列集结中心获批建设，2024 年海铁联运量突破 137.5 万标准箱。2024 年天津滨海国际机场备案国内通程航班 1511 条，完成旅客吞吐量 2006.4 万人次、同比增长 8.6%，货邮吞吐量 13.7 万吨、同比增长 8.3%。滨海国际机场三期改扩建项目成功发行 2024 年专项债券。

（三）金融赋能实体经济

出台《关于支持国际商业保理高质量发展的指导意见》等政策文件。天津启动自由贸易（FT）账户试点政策落地工作获人民银行总行同意。全国首单 SPV 新能源设备租赁、首单矿山机械租赁等新业务相继落地。工商银行等金融机构设立 41 个科技金融特色专营机构（团队），推出科技创新专属信贷产品 100 余项。天津征信有限公司获批企业征信机构备案资质。

（四）释放改革开放动能

天津自贸试验区 3 项创新案例入选全国第五批最佳实践案例、7 项举措向全国复制推广。“高效办成一件事”主题服务场景达 140 项。滨海新区综合改革试点方案启动编制。生物制品跨境分段生产获国家药品监督管理局批复。落地北方地区首单国际航行船舶保税燃料油加注业务。发布全国首个船舶水上低闪点燃料加注作业安全监督管理暂行办法。滨海新区知识产权保护中心新能源产业领域专利预审服务正式启动。

（五）建设美丽宜居城市

2024 年城镇居民人均可支配收入达 67670 元、同比增长 4.7%；实施“滨城”户籍新政推动新增落户 1.1 万人；普惠托育服务发展示范项目获 1 亿元中央补助资金。《中新天津生态城建设国家绿色发展示范区实施方案（2024—2025）》获国务院批复。老旧电梯更新改造项目获超长期特别国债资金支持。博时津开科工产业园不动产投资信托基金正式上市。天津市首例港口用地海陆联合出让成功挂牌。

“滨城”核心区

三、2025 年发展展望

（一）聚焦培育发展新质生产力

抓好中关村先行先试政策复制推广和滨海－中关村科技园扩区工作。加快融入京津冀国家技术创新中心体系，深化与北京的怀柔区、海淀区、丰台区，以及天开高教科创园等重点区域合作，推动重大科研基础设施和大型科研仪器共享、算力基础设施共用。推进麒麟软件有限公司、飞腾信息技术有限公司申建国家级制造业创新和产业创新中心。加快打造以空客为中心的商用飞机和以国产大飞机以及通用飞机为核心的上下游配套生产基地。推动天津市石化化工中试项目管理办法尽快印发。加快建设绿菱电子二期、南港绿色石化科创中心、中石化北京化工研究院等项目。围绕新区功能定位、主导产业，积极争取央企二、三级子公司和新增业务板块落地。

（二）聚焦发挥双港功能资源优势

持续跟进推动天津港总体规划、机场容量提升报告等获批。加快推进集疏运物流通道建设、大港港区 10 万吨级航道提升、机场三期改扩建、新港北集装箱中心站第二线束工程等重点项目，打造世界一流智慧港口、绿色港口和区域航空枢纽。完善京津冀、中西部省份等区域服务网络，做优做强天津港集团雄安服务中心，拓展国际国内航线航班。推进国家骨干冷链物流基地、天津液化天然气（LNG）外输管道复线、粮食仓储物流集散中心等保供项目建设。推动《天津港保税区推动低空经济高质量发展行动方案》等印发实施，推进新型航空器产业创新孵化和集群发展。

（三）聚焦打造金融创新运营体系

争取海关异地委托监管试点、拓展自由贸易账户试点银行范围等政策尽快落地并形成创新推广案例。鼓励融资租赁企业创新开展新能源电站、农业机械、卫星等租赁业务。鼓励商业保理企业开展跨境外币保理业务。推进自由贸易账户增量客户储备，为新展业银行“上线即上量”创造条件。

（四）聚焦进一步全面深化改革开放

推动新能源产业领域预审服务验收资质获批。举办第四届京津冀自贸试验区联席会议，推出联动创新事项、联动创新成果和典型案例。扩大 LNG 国际贸易、国际中转、船舶加注等业务规模，建设保税燃料油供应枢纽和分拨中心。进一步扩大“京津冀通办事项”范围，持续推动政务服务“同事同标”事项落地落实。

（五）聚焦打造港产城融合美丽宜居城市

加快建设国家绿色发展示范区。推动教育等公共服务京津同城化，高质量启动“北京班”建设。持续完善全民健康信息平台和基层医疗卫生机构云平台。统筹推进债务化解与深化国企改革、盘活存量资产、扩大有效投资等重点工作。深化生态环境联防联治，加强辖区海域岸线巡查力度，力争北部湾区在 2025 年年底前率先建成美丽海湾。

重庆两江新区

一、基本情况

重庆两江新区于2010年6月18日挂牌成立，是我国第三个、内陆第一个国家级开发开放新区。新区位于中心城区长江以北、嘉陵江以东，包括江北区、北碚区、渝北区3个行政区部分区域，全域面积1200平方公里，2024年常住人口340余万人、城镇化率94.5%，其中直管区面积638平方公里，常住人口110余万人、城镇化率94.7%，以不到全市1.5%的面积贡献了全市约15%的经济总量，2024年全域实现地区生产总值5181.6亿元、同比增长6%，是重庆产业基础最雄厚、开放功能最完善、创新资源最富集的区域之一，是重庆经济发展的主战场和重要增长极。

二、2024年高质量发展成效

（一）全面服务和融入国家重大战略，深入推动成渝地区双城经济圈建设

全市“十项行动”中涉及新区的10个重大项目年度投资完成率115%。召开重庆两江新区、四川天府新区第六次党政联席会议，持续深化八大产业旗舰联盟合作，打通成都科创生态岛与重庆两江协同创新区科创资源链接共享通道。加快推进西部陆海新通道建设。落地全国首笔陆海新通道多式联运“一单制”数字提单信用证业务，“铁海联运海事一体化监管服务新模式”在全市推广，西部陆海新通道班列开行963班次、同比增长37.2%。深化推进中新（重庆）战略性互联互通示范项目建设。推动新加坡国立大学重庆研究院二期等项目落地，累计签约中新合作项目81个、签约金额超110亿美元。

重庆两江新区发展成效图（协同创新区）

（二）加快建设现代化产业体系，推动先进制造业提档升级

规模以上工业增加值同比增长 13.6%。新能源汽车产量突破 59 万辆、产值同比增长 88.6%，汽车产业完成产值 3064.7 亿元、同比增长 32.9%。新一代电子信息制造业实现产值 2435.76 亿元。智能装备产业完成产值 421.67 亿元、同比增长 6.5%。推动高端服务业扩容增效。开展 AIC（金融资产投资公司）股权投资试点，落地度小满全国金融科技总部、马上消费总部基地等项目，直管区服务业增加值同比增长 4.2%。推动数字经济蓬勃发展。培育重庆市 50 强软件企业 19 家，打造市级重点软件产品 60 个，直管区软件和信息技术服务产业实现营业收入 679.4 亿元、同比增长 25.6%，工业技改投资同比增长 37.7%。

（三）纵深推进改革攻坚突破，深入推进“三攻坚一盘活”改革

盘活国有资产 416.79 亿元、完成率达 112%，回收资金 111.69 亿元、完成率达 136%。规模以上制造业亩均税收同比增速超 30%。有力推进重点领域改革。扎实开

展公园市场化改革，落地公园市场化项目 13 个、总投资 15 亿元。持续推进“标准地”改革，实现工业用地“标准地”100% 覆盖。西部首单产业园 REITs 项目——中金重庆两江产业园 REIT 成功发行。扎实推进运行机制改革。推动 21 个机关部门厘清核心业务、统一设置工作组、人员拉通使用，核增经济发展一线部门员额 143 人。制定两江新区 KPI 综合考核方案，激发干事创业主动性积极性。持续优化营商环境。实施优化营商环境六大专项行动，成立重庆两江新区总商会，建立“双专员”服务评价体系，开展“大走访、大调研”活动，全覆盖走访服务企业。招商引资签约金额 994.2 亿元、到位金额 410.6 亿元。

（四）持续扩大高水平对外开放，推动对外贸易企稳回正

外贸进出口总额实现 2708 亿元、同比增长 2.9%，跨境电商企业进出口总额突破 100 亿元、同比增长 170%。加快建设临港经济片区。举办果园港国家物流枢纽临港经济高质量发展大会，发布 41 项、281 亿元投资机会清单。打造寸滩国际商务中心，引入中国长安研究院等项目。持续深化对外交流合作。世界贸易网点联盟重庆代表处等落户新区，举办渝俄经贸洽谈暨产品展销会等国际活动。

（五）强化科技创新赋能，壮大创新主体规模

国家科技型企业、高新技术企业分别达 13300 家、2100 家。国家专精特新“小巨人”企业 94 家，市级专精特新中小企业新增 128 家、累计 546 家。提升创新平台能级。创建成渝地区“一带一路”国际技术转移中心等科技成果转化平台。挂牌建设明月湖实验室，引入院士团队 4 个、专家团队 10 个。技术合同成交额突破 450 亿元。持续优化创新生态。加快建设卓越工程师培养先行区，明月湖科创园“教育 + 人才 + 科创 + 产业”融合发展模式获全市推广，全社会研发投入强度达 6.7%。

（六）推动城市治理体系和治理能力现代化，加快形成数字重庆基本能力

全量承接 68 条跑道、249 条子跑道，设置特色子跑道 18 条，子跑道覆盖率达 99%。预付消费监管等 5 个“一件事”应用纳入区县“一本账”。扎实推进“大综合一体化”改革。开展行政执法事项划转，行政执法事项综合率达 75.85%。深化河湖厂网一体化改革，形成“六个一”管网管理新模式。全面提升基层智治体系实战能

力。动态保持网格优化调整、网格党组织覆盖、专职网格员配备“3 个 100%”。用好基层智治平台，办理事件 9.38 万件、按期办理率达 99.9%。

重庆两江新区发展成效图（照母山）

三、2025 年发展展望

（一）全力抓项目扩投资促消费保增长

大抓项目扩投资，抢抓国家建设“两重”“两新”重大机遇，加强项目谋划储备申报。稳定基础设施投资，加快重点工业项目投资放量，切实提振房地产投资，积极引导住房消费。大力开展提振消费专项行动，深入推进国际消费中心城市试点建设，扩大文体旅融合消费，培育壮大绿色消费、低空消费等新业态新模式。

（二）加快构建现代化产业体系

稳步提升智能网联新能源汽车产业规模，加快新一代电子信息制造业转型升级。围绕智能机器人、新型能源装备、智慧医疗装备、生物医药等领域完善新兴产业培育机制。加快建设生产性服务业集聚区，逐步打造数字经济、科创服务等六大生产性服务业集群。制定出台促进产业高质量发展“1+N+X”支持政策体系，健全完善“招落服”一体化工作机制。

（三）全面推进科技创新和产业创新融合发展

推动科技创新和产业创新、先进制造业和现代服务业、数字经济和实体经济深度融合。健全成果转化育成链条，畅通“科技—资本—产业”良性循环，完善“拨投结合 + 直投 + 基金”全链条创投支持体系。打造创新多元支撑体系，大力促进产学研深度融合，积极实施人才引进提质行动。

（四）全力打造重点领域标志性改革成果

加快推进新区国企“战略性重组、专业化整合、市场化转型”，深化投融资体制改革，加快绿色金融改革创新试验区建设。持续做优营商环境，积极融入全国统一大市场建设，推动社会信用体系建设。力促河湖厂网一体化改革、公园建设运维市场化改革等特色改革走深走实。

（五）坚持数字赋能超大城市现代化治理

全面增强数字重庆基本能力，提升基层智治体系效能，加快构建“大综合一体化”城市综合治理新体制机制，推动“15 分钟高品质生活服务圈”建设，全面推进人工智能赋能超大城市治理。实施城市地下管网优化工程和城市片区更新攻坚工程，加快建设龙盛新城，持续健全两江新区“三北”行政区联合服务工作机制。

浙江舟山群岛新区

一、基本情况

浙江舟山群岛新区与浙江省舟山市行政范围一致，区域总面积 2.22 万平方公里，其中海域面积 2.08 万平方公里，陆域面积 1440 平方公里。下辖定海、普陀两区和岱山、嵊泗两县，常住人口 117.6 万人。2024 年，新区实现地区生产总值 2226.2 亿元、同比增长 5.9%，规模以上工业增加值同比增长 10.1%，一般公共预算收入同比增长 7.0%，全体居民人均可支配收入同比增长 4.5%，主要指标符合预期，新区经济稳进提质。

2013 年 1 月，国务院批复《浙江舟山群岛新区发展规划》，明确了“三大战略定位”和“五大发展目标”。“三大战略定位”是成为浙江海洋经济发展的先导区、长江三角洲地区经济发展的重要增长极、海洋综合开发试验区。“五大发展目标”是建设成为大宗商品储运中转加工交易中心、东部地区重要的海上开放门户、重要的现代海洋产业基地、海洋海岛综合保护开发示范区、陆海统筹发展先行区。

2017 年 3 月，国务院批复设立中国（浙江）自由贸易试验区（以下简称浙江自贸试验区）。浙江自贸试验区舟山片区规划总面积 119.95 平方公里，由陆域和相关海洋锚地组成，涵盖三个片区：舟山离岛片区 78.98 平方公里，舟山岛北部片区 15.62 平方公里，舟山岛南部片区 25.35 平方公里。浙江自贸试验区舟山片区围绕推进油气全产业链投资便利化贸易自由化，聚焦国际油品交易中心、国际海事服务基地、国际石化基地、国际油品储运基地和大宗商品跨境贸易人民币国际化示范区“一中心三基地一示范区”建设。

2024 年 11 月，国务院批复《中国（浙江）自由贸易试验区大宗商品资源配置枢纽建设方案》，全国首个大宗商品资源配置枢纽落地浙江舟山群岛新区。大宗商品资源配置枢纽建设以浙江自贸试验区舟山离岛片区、舟山岛北部片区、舟山岛南部片区为基础，统筹宁波片区，加强区内区外联动。力争到 2030 年，围绕大宗商品全产业链，建设一批大宗商品特色功能岛，储运规模稳步扩大，精深加工链条不断延伸，贸易交易生态趋于完善，海事服务国际市场竞争力日益增强，粮食、能源资源等大宗商品资源配置能力和产业链供应链保障能力显著提升，初步建成功能完备的大宗商品储运、加工、海事服务基地和贸易、交易中心，打造具有区域竞争力和国际影响力的大宗商品资源配置枢纽。

二、2024 年高质量发展成效

（一）精准施策经济运行稳进提质

聚焦经济高质量发展，积极应对各种不确定性因素。精准化落实政策。推出八大领域 72 个政策包，出台数字经济、融资租赁、文旅消费等加力提效专项政策，顶住了深度承压挑战。坚持集中财力办大事，统盘“8+4”经济政策资金 126.23 亿元，全年为经营主体减负 57.6 亿元。高效率推进项目。全力抓项目促投资，51 个省“千项万亿”工程项目、245 个市重点项目投资完成率分别为 136.5%、101.6%，世倍尔、糖能科技等 18 个 10 亿元以上项目落地，带动新区固定资产投资同比增长 4.7%。多途径激活消费。出台消费品以旧换新政策，开展海岛生活节、旅游惠民季等系列促消费活动，社会消费品零售总额同比增长 4.1%。成功举办浙江省第四届海洋运动会、舟山市第十二届运动会、舟山马拉松等赛会，创造赛事综合效益超 10 亿元。

金塘新材料产业园施工现场

（二）创新赋能产业结构优化升级

坚持实体经济为本、制造业当家，逐群逐链推进九大产业链、八大平台建设。新质生产力加快培育。迭代升级科创政策体系，高新技术产业增加值占规模以上工业增加值比重达 81.9%。建设“数字海洋”，数字经济核心产业营业收入破百亿元，获评“全国千兆城市”。联动推进产业创新，国家级海洋综合试验场获批授牌，新增科技型中小企业 227 家、高新技术企业 51 家，省级以上专精特新企业达到 143 家。制造业发展聚链成群。以重点产业驱动制造强基，完成工业投资 608 亿元，制造业投资同比增长 6.4%，规模以上工业增加值突破千亿元。加快绿色石化和新材料产业延链补链，石化行业产值超 2800 亿元。建成“2+1”省级船舶海工核心区，造船新接订单占全国的 8% 左右，修船量占全球的 20% 以上。现代服务业锻长补短。顶住限额以上批发业下行压力，服务业增加值同比增长 4.8%。出台新一轮航运服务业支持政策，小干岛海事服务产业园投运，实现海事服务总产出 650 亿元。推进“星辰大海”计划，落地亿元以上文旅项目 16 个，天空之城、花鸟爱情岛等项目顺利推进，普朱区域游客量超 2000 万人次。传统渔农业稳步增长。深入实施海上“千万工程”，境外运输渔船对华注册试点落地，减船转产国内捕捞渔船 157 艘，落地东寨大黄鱼精品渔场等链主型项目 16 个，“一条鱼”全产业链产值超 1100 亿元。推进入渔基里巴斯、阿曼海域，远洋捕捞产量同比增长 8.6%。

（三）深化改革开放全面激发活力

用好改革开放关键一招，坚定不移吃改革饭、走开放路。自贸试验区提速发展。高规格动员部署建设大宗商品资源配置枢纽，第七届世界油商大会成功举办。扎实推进油气全产业链建设，获批全国生物柴油推广应用试点，铁矿石储运等一批重点项目顺利推进，油气储备能力达 3982 万立方米，完成铁矿石混配量 2067 万吨、保税船燃加注量 726 万吨，LNG 接卸量同比增长 53.4%，粮食中转量占全国的 18%。深化世界一流强港建设，港口货物吞吐量、集装箱吞吐量分别完成 6.8 亿吨、352 万标准箱，实现江海联运量 3.4 亿吨，首次直航川渝。重点领域改革多点突破。推动涉企基本服务与特色增值服务融合，新增国家级改革试点 11 项。全力支持民营经济创新，新增经营主体 2.4 万户。推进“大综合一体化”行政执法改革，高质量完成行政执法监督全国试点任务。外贸外资稳规模优结构。打好“稳拓调”组合拳，大力发展大宗贸易，外贸出口额超1200亿元，规模再创新高。创新利润再投资、返程投资、购买股权等方式，实际利用外资4.3亿美元。

宁波舟山港大浦口码头

三、2025年发展展望

（一）全面落实枢纽建设方案

全力建设大宗商品资源配置枢纽，突出做好平台提能级、枢纽建强、模式创新“三件大事”，深化“一岛一功能”，推进全产业链发展。加快建设储运基地，开工建设中化储运、中石化LNG等项目，推进鱼山、金塘至宁波互通管道建设，建成新奥LNG三期、铁矿石储运等项目，形成油气储备能力4235万立方米、铁矿石混配能力4000万吨。加快建设加工基地，补强石化、铁矿石、农产品等加工产业链，攻坚鱼山绿色石化基地后续项目获批，全年加工原油4000万吨、粮食250万吨以上。加快建设贸易交易中心，完善大宗商品贸易交易生态，支持浙江国际油气交易中心做大做强，谋划建设特色型综合保税区，实现大宗商品贸易额9000亿元、线上交易额1700亿元。

（二）全力扩大有效投资

坚持项目为王，谋深谋实前期，力争完成固定资产投资 1180 亿元。完善集中开工、专班推进、“三分”破难机制，安排省“千项万亿”工程项目 47 个、市重点项目 300 个。发挥重大项目关键性支撑作用，推进亿元以上实施类产业项目 145 个、年度计划投资 520 亿元，确保中广核氢能装备等一批项目开工建设，高端新材料、南北海工等一批项目加快建设，聚泰一期等一批项目建成投产。坚持产业项目优先，力争新落地 10 亿元以上项目不少于 15 个，制造业项目比例不低于 50%，实际利用外资 4 亿美元。

（三）持续深化自贸试验区改革攻坚

深入实施自贸试验区提升战略，高质效推进改革任务授权、核心政策落地，打造服务最优、成本最低、效率最高的开放环境。建设全球保税船燃加注中心，加快发展生物燃料油、LNG、甲醇等加注业务，力争完成保税船燃供应 800 万吨。健全综合海事供应体系，大力发展锚地船舶维修、物料补给、船员换班等一站式服务，积极招引国际航运、船舶管理、船级社等机构落户。开展东西部物流大通道协作，创新“江海直达 + 长江班列”多式联运模式，持续做大“海江铁”联运量。加快培育外贸新动能，全年货物贸易出口占全国份额保持稳定。

兰州新区

一、基本情况

兰州新区位于甘肃省兰州市北部的秦王川盆地，地处兰州、西宁、银川3个省会城市（自治区首府）共生带的中间位置，2012年8月20日获国务院批复，成为全国第五个、西北地区第一个国家级新区，被赋予“西北地区重要的经济增长极、国家重要的产业基地、向西开放的重要战略平台、承接产业转移示范区”的战略定位。规划范围涉及兰州市永登县、皋兰县6个镇，总面积1744平方公里；现托管4个镇，面积1165平方公里。兰州新区经过十余年的接续奋斗，经济社会发展取得了显著成效。年地区生产总值达到448.4亿元、增长近90倍，实有人口超72万人、增长7倍，建成区由不足10平方公里拓展至近300平方公里，先后获批“国家可持续发展实验区”“国家绿色金融改革创新试验区”“国家进口贸易促进创新示范区”“国家加工贸易梯度转移承接地”“国家产融合作试点城市”“国家医防融合试点城市”等，实现了从农业村镇向产城融合现代新城发展的历史性转变，迈上了全方位推动高质量发展的新阶段。

兰州新区城市风貌

二、2024年高质量发展成效

（一）着力延链条聚集群，产业发展呈现新气象

坚持产业立区、工业强区，组建6个产业招商专班，新引进项目282个、总投资485亿元，爱玛产业园、融捷锂电等11个投资10亿元以上项目落地建设。新增规模以上工业企业36家，规模以上工业增加值同比增长35.5%，工业增加值占地区生产总值比重提升至35%。新材料产业获评省级先进制造业集群。甘肃海亮新能源材料有限公司成为甘肃首家“中国隐形独角兽500强”企业。

（二）着力强科技增动能，创新驱动取得新突破

实施科技型企业、高新技术企业“双倍增”行动，新增省级科技型企业25家、科技创新主体110家。国家医用同位素药物研发平台获批建设，全国首台套小型化重离子治疗系统项目成功落地。高起点建设专精特新化工产业中试基地、中国科学院兰州化学物理研究所中试研究与成果转化基地，新引进科技成果65项，成功转化氢能、重离子等领域技术和产品45项。原子高科同位素即时药填补西北空白，百林科新药打破国外垄断。

兰州新区重离子应用技术及装备制造产业基地

（三）着力增效益提能级，改革开放激发新活力

省委、省政府出台《深化兰州新区改革实施方案》和《关于支持兰州新区加快高质量发展的若干措施》，成立深化兰州新区改革工作专班，高位推动兰州新区改革工作。出台“促进民营经济高质量发展32条”，深入开展优化营商环境提质增效年行动，实施95条改革创新举措，创新推出“十张改革特色牌”，新增经营主体1.56万户。出台推动进出口贸易扩量提质增效实施意见，深度融入沿黄铁海联运国际通道建设，兰石集团有限公司的钻机装备打开南美市场，大宏工程设备有限公司的机械设备海外订单突破6亿元。

（四）着力优生态促升级，绿色发展迈出新步伐

以兰西城市群生态建设行动为牵引，全力推进甘肃“省门第一道”绿色走廊建设，新增造林3000亩、生态复绿4.6万亩，林草覆盖率达到46%。新增耕地占补平衡入库1.03万亩，首次实现指标省内调剂使用。深入打好蓝天、碧水、净土保卫战，环境空气质量优良天数比例达93.7%，城镇生活污水收集处理、集中式饮用水水源地水质达标率均为100%，“无废城市”建设达到国家中期评估目标。

（五）着力强功能提品质，城乡融合展现新风貌

加快推进以人为本的新型城镇化建设，兰张三四线铁路中川机场至武威段、兰州中川国际机场三期、中川机场环线铁路建成投运，庙儿沟水库建成蓄水。国家西北区域应急救援中心全面建成，救援范围辐射西部6省区。临港中川、商贸秦川、休闲西岔3个乡村振兴示范带建设高标准推进，史喇口村、陈家井村获评“省级文旅振兴乡村样板村”。打响“新区之夏”文旅品牌，全年接待游客人次、实现旅游花费分别同比增长44%、48%。

（六）着力增福祉惠民生，社会事业绘就新画卷

统筹推进公共服务优质共享，全年扩增学位、园位3000个，成立产教联合体和产业技能人才联盟，获批国家级高技能人才培训平台，输送技能人才2.1万名。举办大型招聘活动31场次，达成就业意向13万人。获批“全国医防融合试点城市”。城乡居民养老、医疗保险参保率达到98%以上。

三、2025年发展展望

（一）加快打造产业升级先导区

实施强工业行动，新增规模以上工业企业40家以上。发挥产业链招商专班和区域驻点产业联络服务部作用，引进产业项目300个以上、签约金额600亿元以上。延伸精细化工、化学药、化工新材料产业链条，发展大乙烯下游产业、新型煤化工及绿氨绿醇产业。扩大电池正负极材料、高档铜箔产能，引进电芯制造、隔膜等配套项目，构建新能源电池全产业链。加强重离子治疗系统、超深海洋钻机研发制造，延伸“核氢光储”装备制造、新能源汽车产业链条。促进医用同位素产业化高质量发展、动物疫苗多品种发展、精细化工与生物医药耦合发展。谋划建设大数据应用产业园，争创全国数据标注基地试点城市。加快布局氢能、人工智能、低空经济、核素药物等未来产业。

（二）加快打造改革创新先行区

坚决落实甘肃省委、省政府深化兰州新区改革的决策部署，加快构建权责清晰、职能科学、领导有力的管理体制和精简高效、规范顺畅、充满活力的运行机制。推动国企改革深化提升行动，突出主责、做强主业，增强国企核心功能和市场竞争力。深入实施“优化营商环境全面提升年”行动，擦亮“新事心办”服务品牌。加快离子加速器检验检测中心、同位素实验室等高能级创新平台建设，联合兰州大学、中国科学院兰州化学物理研究所等科研院所共建兰州新区“甘智汇”科创园，打造区域性科技成果转移转化中心，新增科技型企业100家以上、高新技术企业20家以上。

（三）加快打造对外开放引领区

理顺综合保税区管理体制机制，加快基础优化、业态拓增、主体引育，推动综合保税区提质增效、进位跃升。建设中欧、中亚回程班列分拨中心，争取始发中亚方向图定班列，打造能源、矿产、粮食等战略性资源保障基地和重要初级产品国际加工储运基地。整合中川国际机场航空物流货源和运力资源，招引大型供应链企业、区域总部、出口转运基地和进口分拨中心，推动临空经济发展。支持兰州兰石集团有限公司、兰州大宏工程设备有限公司等出口型制造企业完善国际服务体系，推动兰州牛肉面、陇医陇药等产品和服务“走出去”，全年进出口额突破100亿元。

（四）加快打造生态环保示范区

协同推进降碳、减污、扩绿、增长，高效推进全域土地综合整治。实施挥发性有机物、扬尘、异味专项治理，强化工业企业“三废”治理，创建“无废园区”“无废企业”，完成“无废城市”中期评估。推进兰西城市群生态建设，开展“村村万树”行动，造林复绿2万亩以上，打造“省门第一道”绿色走廊。拓展“丝路碳票”等生态产品价值实现机制，开展水权、排污权、碳排放权、用能权等市场化交易，创新新区特色碳金融产品。

（五）加快打造城乡协同样板区

围绕交通、能源、水利、信息、市政“五张网”，持续完善城市功能，提升城市能级。重点建设G341新区段、2×1000兆瓦火电、刘家井2号水库等工程项目，争取建设国家战略煤炭储备基地。推广“国有企业+村集体经济组织+新型经营主体+农户”新模式，引导土地规模化经营，拓展秦东农业投资发展有限公司“菌菇工厂”等共富路径。丰富“千万工程”实践，推动临港中川、商贸秦川、休闲西岔3个乡村振兴示范带提标扩面，建成一批宜居宜业和美乡村，努力实现农业强、农村美、农民富。

（六）加快打造和谐稳定标杆区

争取省政府出台《兰州新区管理办法》，深化法治新区建设，创优“田字型”基层治理体系。启动第一高级中学二期等项目建设，新增学位5700个。加快省疾病预防控制中心公共卫生中心项目二期建设，启动平急两用公共基础应急保障医院建设，支持新区第一人民医院打造省级临床重点专科、创建三级医院。开展“千企进校园”等系列招聘活动，做好困难群体就业兜底帮扶，提高职教园区毕业生留兰率。深化安全生产治本攻坚三年行动，加快建设平安新区。

广州南沙新区

一、基本情况

广州南沙新区是广东省唯一国家级新区、广东省自贸试验区面积最大片区、粤港澳全面合作重大平台，地处粤港澳大湾区几何中心，面积803平方公里，实际管理人口120余万人，下辖六镇四街。2022年6月，国务院印发《广州南沙深化面向世界的粤港澳全面合作总体方案》（以下简称《南沙方案》），赋予南沙打造立足湾区、协同港澳、面向世界的重大战略性平台的重要使命。南沙新区获批以来，年地区生产总值由785.61亿元提高至2301.30亿元，人均年地区生产总值由16.61万元提高至23.58万元，规模以上工业年总产值由1096.15亿元上升至3422.21亿元，南沙港区年集装箱吞吐量由907万标准箱增长至2048.9万标准箱，高质量发展态势不断夯实。

二、2024年高质量发展成效

（一）锚定国家战略任务，粤港澳全面合作走深走实

广东省广州南沙建设发展工作委员会、广东省广州南沙建设发展工作委员会办公室机制高效运作，《关于支持广州南沙放宽市场准入与加强监管体制改革的意见》（以下简称《南沙意见》）、《南沙深化面向世界的粤港澳全面合作条例》（以下简称《南沙条例》）、《省委 省政府关于推动广州南沙深化面向世界的粤港澳全面合作的若干措施》（以下简称《南沙措施》）等有序实施，新一轮总体发展规划经省政府审议通过。南沙湾、庆盛枢纽、南沙枢纽等先行启动区区块累计注册企业超6000家。15%的企业所得税税率和港澳居民个人所得税优惠政策累计兑现优惠超13亿元。全国人大常委会法工委广东南沙基层立法联系点揭牌。出台六大领域146项境外职业资格认可清单，153名港澳人才通过专业服务执业认定。通过“港澳药械通”政策已引进10种进口药品器械，中山大学附属第一（南沙）医院成功入选“长者医疗券大湾区试点计划”。全国

首个国家级跨境养老服务业标准化试点在南沙启动，集聚港澳及国际商协会 84 家，港澳青年创新创业基地累计入驻企业（项目）2055 个。

（二）以科技创新引领产业创新，新质生产力成果竞相涌现

广州南沙科学城管理委员会挂牌成立，大湾区科学论坛永久会址一期工程主体结构封顶，首次举办由粤港澳三地联合举办的大湾区科学论坛。我国首艘大洋钻探船“梦想”号在南沙新区正式建成入列，新一代破冰科考船“极地”号交付，香港科技大学（广州）大学科技园获批全省首个港澳特色大学科技园。国际先进技术应用推进中心（大湾区）、粤港澳大湾区场景创新中心正式启动，在全国推出首个全空间全要素无人体系超级示范应用场景。立昇科技智能驾控系统研发项目投产，小马智行上市成为年内美股自动驾驶最大规模 IPO，智能网联汽车示范应用试点在大湾区互认合作。广东晶科电子股份有限公司在香港交易所上市，中科宇航实现中国商业航天企业首次向国际用户提供发射服务，广州数据交易所累计交易额超 55 亿元，全球数源中心纳入国家数据基础设施试点。建成省级以上工程技术研究中心 198 家，省级以上企业技术创新中心 34 家，集聚高新技术企业 1310 家、专精特新企业超 1100 家。新增博士博士后科研平台 6 家，试点建设海外高水平大学 STEM 博士人才驿站，新增院士工作站 1 家，引进海外高端人才数量同比增长近 80%。

“梦想”号大洋钻探船

（三）改革开放持续深化，开放型经济加快构建

深化放宽市场准入和监管体制改革，全面启动建设广州（南沙）农业对外开放合作试验区。对标自由贸易港推动实施自贸试验区提升战略，累计形成 181 项创新成果在国家和全省复制推广。南沙港区四期建设项目顺利通过交通强国建设试点验收，年集装箱吞吐量突破 2000 万标准箱，南沙综合保税区连续 3 年获评全国 A 类综合保税区。国际邮轮母港开港运营，落地“外国旅游团乘坐邮轮入境 15 天免签”“外国人 240 小时过境免签”等政策，第二艘国产大型邮轮落户，南沙客运港入境的外国免签旅客同比增长 7.9 倍。广州期货交易所上市工业硅、碳酸锂、多晶硅期货期权品种，累计成交额近 17 万亿元。法治化营商环境评价排名位居全国自贸区第一，全国首创港澳律师执业孵化站获评广东自贸区最佳制度创新案例，入选首批广东省营商环境改革试点。中国企业“走出去”综合服务基地构建“公益性服务 + 市场化运营”机制，协助企业完成 165 个境外投资项目备案。全面实施市场主体登记确认制，在全省首创医疗器械融资租赁合格假定监管模式。

南沙港区 2024 年集装箱吞吐量突破 2000 万标准箱

（四）突出规划引领作用，城市功能品质不断提升

国土空间总体规划获批，划定并启用“三区三线”，初步形成“一轴三带、一

心四区、多点支撑”的国土空间格局。深中通道、南中高速主线及南沙联络线建成通车，深江铁路、南珠中城际广州段、狮子洋通道加快推进，地铁15号线南沙站综合交通枢纽地铁预留工程主体完工。拉通市政道路超70公里，自动驾驶项目入选交通运输部智能交通先导应用试点。获批国家城中村改造专项借款额度超170亿元，7个新模式城中村改造项目首开区开工建设。“百千万工程”提速推进，印发14项镇街扩权赋能事项清单，开展全面消除“零分红村”攻坚行动。完成森林提质增绿4281.49亩，建设提升绿道35.07公里，营造红树林252亩。完成15个农村生活污水治理巩固提升任务，新增污水管网27.5公里。

三、2025年发展展望

（一）创造性落实《南沙方案》，攻坚突破体制机制障碍

强化发挥省市区三级联动聚力优势，推动“港艇北上”等落地。强化《南沙意见》《南沙措施》《南沙条例》等配套衔接。用好15%的企业所得税税率优惠、“南沙金融30条”等政策。加快推进三个先行启动区建设。深化与港澳规则衔接机制对接，进一步打通投资贸易、市场准入、专业人士执业等方面堵点，推动更多科研机构和企业纳入科研用物资跨境自由流动试点，做实粤港澳人才协作办公室和粤港澳大湾区人才协同发展生态联盟。加快港澳创业就业试验区建设，持续拓展“长者医疗券”“港澳药械通”等试点应用，提升公共服务和社会管理相互衔接水平。

（二）加快科创产业互促双强，构建全链条全要素全过程创新生态体系

优化科创平台建设机制，高标准建设南沙科学城，加快推进中国科学院明珠科学园建设，全力打造具有竞争力的中试和应用推广基地。推动冷泉生态系统研究装置、新能源器件循环利用能力提升项目动工建设，发挥好“梦想”号大洋钻探船、南方海洋科学与工程广东省实验室（广州）等重大平台的引领支撑作用，打造粤港澳大湾区国际科技创新中心重要承载区。依托国际先进技术应用推进中心（大湾区）、粤港澳大湾区场景创新中心，推动前沿先进技术在大湾区率先推广应用。落实好“创新驱动27条”，加快建设环港科大（广州）创新区，成立湾区人工智能产业创新联盟。巩固提升汽车制造、造船装备制造等支柱产业，加快汽车向智能网联、

新能源方向转型。围绕打造“数港”，积极推进南沙（粤港澳）数据服务试验区建设。做实做强“人才港”，加快建设国际化人才特区，出台“青出于南”英才汇聚行动计划，系统推出贯穿青年游学、实习、就业、创业发展全周期的增量政策。

（三）着力深化重点领域改革，建设更高水平开放型经济新体制

推动放宽市场准入与加强监管体制改革，在细胞基因治疗、种业等重点领域形成一批可见可知可感的新鲜经验。落实省营商环境改革试点，创新“产业版”营商环境改革举措。对标自由贸易港推进制度型开放，深入实施自由贸易区提升战略，探索贸易、投资、资金流动、交通运输、人员往来自由便利和数据安全有序流动等创新。联动“空港”加强与大湾区机场的互联互通。加快建设“金融港”，大力发展产业链金融、供应链金融。加快建设中国企业“走出去”综合服务基地，建立统一的境外投资“一口咨询”窗口。依托“海港”大力发展临港经济，推进粤港澳共建大湾区航运联合交易中心。

（四）对标对表国际一流，建立高质量城市发展标杆体制机制

加快新一轮南沙总体发展规划修编报批，争取国家层面出台实施。深入推进全省唯一的未来城市综合实证试点。高标准建设 20 平方公里中心城区和中央商务区，打造 10 公里美丽海岸线。加快推进深江铁路、南珠中城际广州段、狮子洋通道等项目建设，协调推动南沙站枢纽站房开工建设。全力推动城中村改造提质增速，城市能级品质跃升。加快创建生态文明建设示范区，推进南沙湿地绿美广东生态建设示范点建设。深化全国首批气候投融资试点、产业园区减污降碳协同创新试点。深入实施“百千万工程”，高质量建设广州（南沙）农业对外开放合作试验区。

陕西西咸新区

一、基本情况

陕西西咸新区位于西安、咸阳两市建成区之间，规划控制面积 882 平方公里，下辖沣东新城、沣西新城、秦汉新城、空港新城、泾河新城 5 个组团，其中西安（西咸新区）直管区面积 733.59 平方公里，2024 年直管区常住人口 107.66 万人。

《国务院关于同意设立陕西西咸新区的批复》明确指出，要把西咸新区建设成为我国向西开放的重要枢纽、西部大开发的新引擎和中国特色新型城镇化的范例。西咸新区拥有西安国家级临空经济示范区、中国（陕西）自由贸易试验区西咸片区、西咸空港综合保税区、中国（西安）跨境电子商务综合试验区、国家一类口岸等众多国家级开发开放平台，承担着碳达峰试点、气候适应型城市建设试点等 29 项国家级试点试验任务。同时，西咸新区还是秦创原创新驱动平台总窗口、西安“双中心”（综合性国家科学中心和科技创新中心）建设的核心示范区、西安国家中心城市副中心、西安都市圈核心功能区和重要增长极。

自 2014 年成立以来，西咸新区坚持以习近平总书记历次来陕考察重要讲话重要指示为根本遵循，着力统筹科技资源创新、推进西咸一体化发展、融入共建“一带一路”、创新城市发展方式、保护历史文化根脉，经济社会发展取得显著成效，年地区生产总值达到成立之初的 3 倍。国家级试验试点取得显著成效，西安—咸阳一体化纵深推进、科技成果转化“三项改革”走在全国前列，发展动能持续增强，发展活力加速释放，2024 年新区实现地区生产总值 1030.81 亿元、同比增长 5.4%，突破千亿元大关，经济总量在国家级新区中由第 16 位上升至第 14 位。全年固定资产投资同比增长 4.3%、总量突破 1000 亿元，规模以上工业增加值同比增长 12.1%、工业总产值达 923.3 亿元，经营主体数量同比增长 14%、累计达到 85 万余家，新增“五上”企业 362 家、总数达到 1750 家，增速、总量均居西安第 2 位，已成为引领区域高质量发展的重要引擎。

二、2024年高质量发展成效

（一）聚集创新、产业、人才、金融“四类资源”，推动秦创原总窗口“释能裂变”

2024年西咸新区高新技术企业、科技型中小企业、成果转化企业数量分别达到4100家、6878家、1559家，技术合同交易额为350.3亿元，“三项改革”（职务科技成果单列管理、技术转移人才评价和职称评定、横向科研项目结余经费出资科技成果转化）扎实推进。推进创新资源聚集，2024年签约落地西安理工大学科创城，新增陕西省省级创新平台14个，推进中国西部科技创新港教育科技人才一体化发展示范区、国家先进技术成果西安转化中心建设，75家头部企业与西安交通大学签订校企合作协议，建立“路演承接—宣传推广—跟踪服务”的全流程路演体系，组织“三项改革”路演31场，推介项目及团队163个。培育发展新质生产力，氢能、智能网联、无人机、机器人4个产业入选陕西省秦创原未来产业创新聚集区建设行列，新增省级以上瞪羚企业32家，陕西氢易能源科技有限公司等入选中国潜在独角兽企业名单。打造一流创新生态，完善秦创原人才大市场功能，新获批院士专家工作站2个，引进培育秦创原高层次人才252名、创新创业人才3.8万名。引进落地西部创投生态服务中心，设立31只总规模140.5亿元的总窗口科创系列基金。健全“1+6+35”科技金融工作体系，帮助企业获得融资46.4亿元，连续两年实现翻两番增长。推进区域协同创新，与咸阳市联合征集“揭榜挂帅”项目34个、申报跨区域创新联合体10个，商洛经济技术开发区秦创原科创孵化基地入驻秦创原立体联动孵化器总基地，陕西氢能产业发展有限公司、新拓三维技术（西安）有限公司的研发部门在新区，生产部门分别在榆林、渭南，“研发在总窗口、转化在各地市”的实践案例不断丰富。

（二）以扎实推进“七个一体化”为抓手，西安－咸阳一体化发展纽带作用缝合功能不断凸显

西咸新区加快推进空间规划一体化、创新驱动一体化、产业发展一体化、交通基础设施一体化、生态环保一体化、城市建设一体化、公共服务一体化“七个一体化”。推进空间规划深度融合，西咸新区25个专项规划与西安、咸阳两市全面衔接，

中国西部创新港

新区国土空间总体规划数据纳入两市体系，全面实现“两市一区”规划数据统一管控、共享共用、协同维护。探索科技创新协同发展，联合咸阳市共同开展重大技术攻关“揭榜挂帅”，联合西安、咸阳两市企业或高校院所申报市级以上创新联合体10家。新区陕西氢易能源科技有限公司在咸阳市投资建设成果转化项目，咸阳辖区10项科技成果在西咸新区转化应用。推进产业联动加速协同。积极融入西安、咸阳两市光伏、输变电装备等8条共建产业链建设，共同梳理征集产业配套供给和需求清单、产业一体化合作机会清单。积极承接西安主城区产业溢出，2024年承接西安主城区溢出产业项目32个、转移企业1391家，比亚迪电池生产基地、法士特新能源汽车智能传动系统及中试基地等重大一体化项目成功落户。开展生态环境联保共治，联合西安、咸阳两市开展散煤治理等督导检查，加强与西安市高新技术产业开发区、鄠邑区及咸阳市秦都区开展渭河、泾河等上下游联防联控，常态化开展烟花爆竹禁售禁放联合检查和交叉检查，区域环境空气质量综合指数显著改善。加快互联互通道路建设，2024年完成2条互联互通道路建设，建成通车互联互通道路累计达到 31 条，不断提升区域要素流动效能。积极承接国家中心城市功能，“引汉济渭”斗门水库工程进入收尾阶段，西安国际足球中心将于 2025 年上半年正式投运，成功举办“国际博物馆日”中国主会场活动，陕西文化艺术博物院建成投运、际华冰雪・西安冰雪中心建成运营。推进公共服务共建共享。2024 年新增与咸阳跨区办理服务事项 376 项，与咸阳市合作建设医联体 2 家，组建紧密型“名校 +”共同体 28 个，牵头举办西安－咸阳一体化联合招聘会 11 场，提供就业岗位 2.8 万余个，让一体化发展成果不断惠及辖区广大人民群众。

陕西历史博物馆秦汉馆

（三）全力推动产业立区，“4+1”重点产业集群发展取得成效

制定实施《西咸新区推进产业高质量发展行动方案（2024—2026 年）》，聚焦高新技术产业、先进制造业、现代服务业、文旅体融合产业和现代都市农业等“4+1”产业集群，瞄准“千亿级规模壮大、百亿级链群翻番、十亿级企业倍增、五亿级项目聚集”目标，聚力打造现代化产业新区。坚持产业园区化承载、集群化发展、专业化运营，实施特色产业园区高质量发展行动计划，规划建设了总面积 95.2 平方公里的秦创原十大特色产业园区，园区新增“五上”企业、规模以上工业产值均占全区总量达七成。以高水平项目牵引高质量发展，绘制产业链招商图谱，精准发力招

引优质项目，大力推行全员招商、土地招商、楼宇招商和总部招商，招引落地国家能源集团西北能源创新发展基地、中国长城互联网西部基地等总投资 885.1 亿元的 202 个项目，其中 10 亿元以上的产业项目共 42 个。推进产业项目建设，新区级重点项目完成投资 800.6 亿元，汇川储能等 161 个项目开工，南玻西北生产基地等 70 个项目竣工，秦创原·秦川集团高档工业母机创新基地、陕煤研究院泾河新城新能源产业基地等重点项目建成投产，在打造西部地区重要的高新技术和先进制造基地之路上迈出了更大步伐。

（四）深化体制机制创新，打造内陆改革开放先行区

紧盯国家级新区改革开放综合平台定位，持续抓好自由贸易试验区、碳达峰碳中和等建设，20 项改革案例在全国复制推广。加快国际航空枢纽建设，2024 年西安咸阳国际机场新开、恢复 53 条国际客运航线，新开 3 条国际全货运航线，货邮吞吐量超 29 万吨、同比增长 9.3%，客运吞吐量达 4700 万人次、同比增长 13.7%，新区跨境电商交易额同比增长 16%，进出口总值同比增长 21.5%；西安咸阳国际机场三期扩建工程 T5 航站楼顺利落成，西咸空港综合保税区（二期）通过验收，吉尔吉斯斯坦 – 中国经贸合作中心投运。开展陕西省首个“跨境电子商务零售进口税款电子支付”“跨境电商零售进口税款担保电子化”业务，2024 年跨境电商进出口交易额同比增长 36.5%，进出口总额同比增长 21.5%。全力打造西部一流营商环境，“三服四化”便民服务改革、“四电”改革、信用修复“两书同达”等多项举措在全国、陕西省复制推广。在陕西省推行工程项目“极简极速”审批新模式，在西安市首推“标准地 + 区域环评”改革，营商环境活力不断激活。

三、2025 年发展展望

2025 年，西咸新区将深入学习贯彻习近平总书记历次来陕考察重要讲话重要指示精神，坚持稳中求进工作总基调，完整、准确、全面贯彻新发展理念，扎实落实陕西省深化“三个年”、打好“八场硬仗”和西安市“深化六个改革”“八个干”部署，持之以恒践行创新城市发展方式、加快西安 – 咸阳一体化、建好秦创原总窗口、构建现代产业体系四大使命，着力以招商引资和项目建设组织经济工作，以科技创新和产业创新催生和培育新质生产力，以重点区域和重点板块开发建设推动城市能

级跃升，以市场化、法治化、国际化营商环境建设提升服务企业和服务项目水平，扎实实施“八大攻坚行动”，努力打造西部地区高质量发展引领区、改革开放新高地、城市建设新标杆，更好服务区域重大战略和区域协调发展战略，为中国式现代化建设贡献西咸新区力量。

“八大攻坚行动”具体内容为，坚持产业立区战略，在推动“4+1”重点产业集群发展上聚力攻坚；坚持科技创新第一动力，在建好用好秦创原总窗口上聚力攻坚；坚持西安－咸阳一体化初心使命，在全方位深化“七个一体化”上聚力攻坚；坚持以重点区域、重点板块为龙头，在全面提升城市能级上聚力攻坚；坚持以全面深化改革开放为动力，在破解难题和激发活力上聚力攻坚；坚持以服务企业、服务项目为重点，在打造西部一流营商环境上聚力攻坚；坚持以解决群众急难愁盼问题为关键，在持续提升百姓幸福指数上聚力攻坚；坚持守牢防范化解重大风险底线，在统筹高质量发展和高水平安全上聚力攻坚。力争全年地区生产总值同比增长 6% 以上、规模以上工业增加值同比增长 10% 以上、固定资产投资同比增长 5% 左右、规模保持在 1000 亿元以上，社会消费品零售总额同比增长 7% 以上，地方一般公共预算收入同比增长 5% 以上，城镇、农村居民人均可支配收入分别同比增长 6% 以上和 7% 以上，为实现“十五五”良好开局打牢基础，奋力谱写中国式现代化建设西咸新区新篇章。

贵州贵安新区

一、基本情况

贵州贵安新区是2014年1月经国务院批复设立的第八个国家级新区，位于贵阳市和安顺市接合部、黔中经济区核心地带，全域规划面积1901平方公里，直管区面积491平方公里，下辖四乡（镇、街道），现有常住人口45.77万人。

习近平总书记2015年6月视察贵州、亲临贵安新区，嘱托“中央提出把贵安新区建设成为西部地区重要经济增长极、内陆开放型经济新高地、生态文明示范区，定位和期望值都很高，务必精心谋划、精心打造”“要发挥贵安新区在黔中城市群发展中的带动作用，使新区既成为经济新高地，又成为统筹城乡发展的示范区”“新区的规划和建设，一定要高端化、绿色化、集约化，不能降格以求”。

自新区成立以来，历届省委、省政府高度重视贵安新区发展，2023年6月17日专门召开贵安新区高质量发展大会，把贵安新区发展作为省之大计、贵州大事，把最好的资源、最优的政策、最强的力量投放到贵安新区，要求贵安新区做强经济、开放、生态、城市四大功能，推动经济体量、企业数量、人口总量、就业容量实现裂变式增长、引领性突破，努力实现“一年一个样、三年大变样”。与2023年相比，2024年地区生产总值增长21.1%，经济总量达到402.77亿元，第一、二、三产分别增长5.1%、29.1%、18.1%，规模以上工业增加值增长48.4%；固定资产投资增长16.4%；一般公共预算收入增长26.6%。

二、2024年高质量发展成效

（一）工业提质升级，现代化产业体系加快构建

稳步改造提升传统产业。规划建设纺织产业园，加快推动传统产业数字化转型，规模以上工业企业数字诊断全覆盖。三大产业基地建设取得新突破。聚焦打造面向全国的算力保障基地，累计招引大型及以上数据中心23个，全年互联网和相关服务

业营业收入历史性突破700亿元。华为云智算基地加快建设，中国电信、腾讯等智算中心加快部署，算力规模达56EFLOPS，智算占比突破96%。电子信息制造业加快发展，全年实现工业总产值69亿元、同比增长168.3%。聚焦打造新能源动力电池及材料研发生产基地，初步形成以奇瑞汽车、宁德时代、比亚迪等为龙头的新能源汽车、电池及材料产业集群，全年新能源电池及材料产业实现工业总产值76.92亿元、同比增长43.2%。聚焦打造全国重要的产业备份基地，建成中车贵阳贵安时代绿色装备产业基地、航空航天产业孵化基地，全年先进装备制造业实现工业总产值36.59亿元、同比增长35%。未来产业加速布局。人工智能产业加快发展，聚焦大模型、数据训练等领域，落地中译语通科技（贵州）有限公司等重点企业。积极发展智能网联汽车产业，围绕商用车无人驾驶加大招引力度，无人驾驶产业生态加快培育。机器人产业发展支撑明显增强，建成机器人创新产业园，引进优地机器人、蓝芯科技等项目。固态电池产业全面布局，规划建设固态电池产业园，落地上海琥崧固态电池设备制造项目。低空经济稳步发展，重点围绕低空航空器整机、零部件及材料等低空制造产业加大招商。强化招商引资。将招商引资作为“头号工程”，优化完善招商引资机制，建立健全“一图三清单”和“两图两库两池”，突出产业链招商、基金招商、算力招商、厂房招商，充分发挥150亿元的贵阳大数据科创城产业发展投资基金作用，聚焦三大产业基地引进上下游头部企业，推动产业集群发展。2024年新签约项目91个，签约金额427.34亿元，产业项目到位资金227.44亿元。

宁德时代贵州新能源动力及储能电池生产制造基地

（二）深入推进重点领域改革，创新活力持续激发

体制机制改革稳步推进。设立贵阳大数据科创城、马场产业新城、花溪大学城、清镇职教城4个园区党工委、管委会，建立健全“1+4+4”扁平化两级管理体制，突出园区经济发展功能和4个乡镇民生保障功能。创新动能加快迸发。全省科技创新中心建设有序推进，2024年新建全省重点实验室6个、科学家工作站14个，技术合同成交额突破42亿元。新增省级专精特新中小企业9家、累计达26家，新增创新型中小企业19家、累计达38家，累计培育国家级专精特新“小巨人”企业2家。深化人事制度改革。创新人事和薪酬制度，打破人员身份限制，探索全员岗位聘任管理。建立奖惩分明的考核目标体系和运行机制，将考核结果与绩效薪酬直接挂钩，促进正向激励和负向惩处相统一，全面提升干事创业的精气神。

（三）开放水平稳步提升，对外交流合作持续拓宽

开放格局进一步扩大。持续深化与RCEP（区域全面经济伙伴关系协定）成员国、港澳台地区经贸合作，有贸易往来的国家和地区累计达85个。开放通道不断完善。贵阳贵安一体融合，市域环城快铁拓展至龙洞堡站、贵阳东站，轨道交通S1线建成通车。面向粤港澳大湾区、东南亚开通“2向3线”公路物流卡班运输网络体系。开放平台持续做强。打造贵安综合保税区对外开放桥头堡，苏贵产业园、深贵产业园、张江（贵安）高科技产业园获批省级经济开发区，全年实际利用外资5004万美元、同比增长30.5%。开放产业不断做大。大力发展光电显示、光电照明、保税再制造和大宗原粮进境加工等开放型产业，货物贸易进出口总额实现146.37亿元、同比增长35.6%。打造国际服务贸易数据港，实现服务贸易进出口总额4.8亿美元、同比增长15%。

（四）统筹城乡融合发展，乡村全面振兴扎实推进

城乡规划体系不断健全。推进空间规划编制体系全覆盖，产业规划、电网规划、社会事业规划、智慧城市规划等专项规划相继完成，“多规合一”深入推进。城乡产业持续壮大。“三城两组团”格局基本形成，大数据科创城核心区加快建设，加快集聚总部经济和数字经济，带动54平方公里整体发展。花溪大学城聚焦创新创业，推动科技成果转化。贵安综合保税区（马场产业新城、深贵产业园区）电子信息制造、

高端装备制造等产业发展加快。云漫湖组团、高峰组团加快建设，全力打造黔中精品山地休闲旅游度假区和黔中农文旅融合发展示范区。人口人才加速集聚。出台《贵安新区进一步加快人才集聚推动高质量发展的若干政策措施（试行）》，全年新增人才 2.5 万人，新增人口 5.06 万人。

贵阳大数据科创城

（五）绿色低碳转型加快，发展底色更加鲜明

全力打造“一区”。聚焦打造生态文明示范区，优化“三生空间”，构建“两屏六廊多点”生态安全格局。累计获批国家级绿色园区 1 个、绿色数据中心 4 个、“零碳工厂”1 个、省级绿色工厂 4 个，绿色经济增加值占地区生产总值的比重提升至 50% 左右，经济发展的含“绿”量更高。坚决打好“一战”。打好“五场”污染防治攻坚战，农村黑臭水体实现动态清零，实现“7 个 100%”，环境空气质量优良天数比例为 99.2%，生态环境持续改善。深入推进“一整改”。把生态环保和产业结构、用地结构、生产技术调整优化结合起来，抓好中央及省级生态环保督察反馈问题整改，改善生态环境质量，实现经济效益、环境效益、社会效益共赢。

（六）保障和增进民生福祉，群众“三感”不断增强

城市“一圈两场三改”和农村“五治”加快推进。启动 5 个“15 分钟生活圈”

建设，完成 46 个“一圈两场三改”项目建设，新增惠民生鲜超市 1 个。改造完成宜居农房 294 户、旅居农房 117 栋，全面完成 20 个行政村农村生活污水治理（管控），建成村寨垃圾收集收运点 15 个，新（改）建户厕 1013 户。优质教育医疗资源加快布局。加快优质教育导入，推进城镇学校扩容增位，上海师范大学附属贵安实验学校、尚义路小学投入使用，开工建设湖南师范大学附属贵安学校。加快推动中山大学附属第一医院贵州医院二期项目建设，充分发挥国家区域医疗中心作用。贵州中医药大学大学城医院正式开诊。全面推进医疗卫生共同体建设，整合市级优质医疗资源，提升乡镇卫生院和村卫生室服务能力。

三、2025 年发展展望

2025 年是“十四五”规划收官之年，是贵安新区“一年一个样，三年大变样”的决战之年，做好经济社会发展的工作意义重大。贵安新区将坚持以习近平新时代中国特色社会主义思想为指导，全面贯彻落实党的二十大和二十届二中、三中全会精神以及习近平总书记视察贵州重要讲话精神和对贵安新区的重要指示精神，认真落实中央和省委、市委经济工作会议精神，坚持稳中求进工作总基调，完整、准确、全面贯彻新发展理念，服务和融入新发展格局，坚持以高质量发展统揽全局，守好发展和生态两条底线，围绕“一极一高地两示范”定位，坚持规划为先、产业为要、民生为本、功能为重，进一步全面深化改革，扩大高水平对外开放，建设现代化产业体系，更好统筹发展和安全，扩大有效需求，防范化解重点领域风险，稳定预期、激发活力，推动经济持续向好，不断提高人民生活水平，保持社会和谐稳定，高质量完成“十四五”规划目标任务，全面实现贵安新区“一年一个样，三年大变样”，为实现“十五五”良好开局打牢基础。

青岛西海岸新区

一、基本情况

青岛西海岸新区是2014年6月3日经国务院批复设立的第九个国家级新区，位于山东省青岛市西南部，山东半岛西南隅，南临黄海，处于京津冀和长三角两大都市圈之间。包括黄岛区全部行政区域，陆域面积2129平方公里，海域面积5000平方公里，海岸线309公里，总人口268.8万人。拥有青岛经济技术开发区和中国（山东）自由贸易试验区青岛片区等重要战略功能平台，区位条件、科技人才、海洋资源、产业基础、政策环境等综合优势明显，具备推进陆海统筹、城乡一体、融合创新发展的独特条件。

青岛西海岸新区紧紧围绕海洋科技自主创新领航区、深远海开发战略保障基地、融合创新示范区、海洋经济国际合作先导区、陆海统筹发展试验区功能定位，精准把握大势，主动融入大局，海洋生产总值年均增长13.7%，占山东省、全国的海洋经济总量比重分别为11.8%、2%；地区生产总值从2014年的2364.2亿元增长到2024年的5261.3亿元，实现翻番增长，居19个国家级新区前三位。2024年，地区生产总值同比增长5.8%，一般公共预算收入同比增长1.2%，社会消费品零售总额和规模以上工业增加值均同比增长7.5%，居民人均可支配收入同比增长6%。

二、2024年高质量发展成效

（一）深入践行国家战略，海洋经济特色特质充分彰显

海洋科技创新取得突破。举办中国海洋工程科技创新论坛，组建海洋经济创新发展联盟，中国科学院海洋研究所“海洋关键材料重点实验室”等获批全国重点实验室，集聚各类涉海创新平台248家，海洋人才7.9万人。中国气象科学研究院青岛分院落地，国际首个免疫抗肿瘤海洋药物BG136完成一期临床试验，全球高分辨率海洋大模型“琅琊”成功发布，气动式波浪能发电装置荣获日内瓦国际发明展最高奖。

海洋产业体系加快构建。新引进海洋石油工程国际中心等亿元以上海洋项目 53 个，船舶与海洋工程装备产业入选国家先进制造业集群，北海造船绿色动力先进船型实现量产，亚洲首艘圆筒型 FPSO“海葵一号”建成交付，全国最先进的大型深远海养殖网箱投入使用，累计创建国家级海洋牧场 17 处。

海洋合作通道扩容升级。全国唯一的“海洋十年”国际合作中心高能运行，落户全球海洋观测伙伴关系首个区域办公室等 6 个国际机构，获批联合国“海洋十年”实施伙伴。加强与共建“一带一路”国家海洋合作，举办东亚峰会沿海经济发展研讨会等会议，持续输出全球海洋治理的中国方案、新区经验。

海洋生态保护卓有成效。加快海域海岛保护开发，统筹用好海岛独特资源，千里海岸观光廊道示范段入选省内最美风景道，灵山岛完成全国首个海岛生态产品总值核算。“蓝色海湾”整治工程深入推进，近岸海域水质显著改善，海洋生态保护修复入选全国典型案例。

（二）进一步全面深化改革，体制机制创新动能强劲

重点领域改革高效协同。累计 260 余项改革经验在省级以上层面得到认可推广，全国婚俗改革实验区通过验收，土地复合利用模式给全国“打样”，长期护理险经验做法获中央全面深化改革委员会办公室高度评价。

自贸试验区建设创新提升。新增高效能制度创新成果 32 项，航运企业集成化审批、企业登记智能表单模式全国推广，国家级航空物流超级货站正式运营，连续 4 年获评“中国最具投资吸引力产业园区”，稳居全国自贸片区第一梯队。

高质量政策效应加力释放。国家发展改革委印发《促进国家级新区高质量建设行动计划》，省政府召开新时代新征程展现青岛西海岸新区新担当新作为座谈会、省推进青岛西海岸新区高质量发展联席会议第二次会议，出台 27 条硬核支持措施，汇聚推动发展强大合力。《十年破浪前行经略海洋向海图强迈出新步伐》作为区域发展典型案例直报中央区域协调发展领导小组组长及各成员单位。

（三）深化高水平对外开放，辐射带动作用稳步增强

枢纽作用持续提升。启用 RCEP 青岛经贸中心，对共建“一带一路”国家协议投资同比增长 85.9%，货物进出口总额完成 3430 亿元。董家口 LNG 三期、前湾港自动化码头三期投用，新增沿黄内陆港 10 个，青岛港货物、集装箱吞吐量分别稳居全球第

东方影都影视产业园

四位、第五位。全面落实黄河重大国家战略,《积极融入服务黄河流域重大国家战略着力打造黄河流域高质量发展平台窗口》入选山东省推动黄河流域生态保护和高质量发展典型案例。高水平运营青岛都市圈会客厅，搭建区域合作重要平台载体。

"四张名片"靓丽出彩。高标准建设国家文化产业和旅游产业融合发展示范区，影视之都、音乐之岛、啤酒之城、会展之滨聚合扩圈。大型户外沉浸式全景秀《海上有青岛》获得好评，第 34 届青岛国际啤酒节广纳海内外游客 636 万人次，中国海洋美食文化节等 370 多场展会扮靓最美会展海岸带，世界沙滩排球职业巡回赛等 100 多场赛事打响"体育强区"。

营商环境打造一流。开展优化营商环境"双二百"攻坚行动，全市首个执法监督"阳光执法"上线运行，790 项检查事项全部实施扫码执法平台化管理。626 个政务审批服务事项全部"一窗受理"，编制《山东省政务服务视频办工作规范指引》，打造全省首家政务"公开 + 服务"增值服务专区。

（四）因地制宜发展新质生产力，现代化产业体系加速构建

创新动能不断积蓄。新增 3 家全国重点实验室，4 项成果获国家科学技术进步奖，

第 34 届青岛国际啤酒节

空天动力装置成为国家重大科技基础设施培育项目。创新主体规模持续壮大，新增专精特新中小企业 199 家、创新型中小企业 283 家，国家“小巨人”企业达 43 家、高新技术企业总量突破 1700 家。

新兴产业培育壮大。集成电路等 4 个专业园区营业收入突破 1200 亿元，海洋交通运输等 6 个集群入选山东省支柱型雁阵集群，新型显示产业入选山东省战略性新兴产业集群。电子信息产业园、万达光电等项目投产，蔚蓝临近空间无人机首飞，青岛华大基因健康医疗产业园竣工。

数实融合深度赋能。发布全国首个数实融合企业榜单，海信日立黄岛工厂获评全球“灯塔工厂”，“海镜”——海洋信息数字化实验室获评全国先进计算赋能新质生产力典型应用案例。中国电信云计算基地获评国家绿色数据中心，7 家数据中心获评省级新型数据中心，6 家企业获评省首批数字经济创新平台，智慧社区项目获评全国城市全域数字化转型典型案例。

（五）纵深推进新旧动能转换，绿色低碳高质量发展底色更足

“双碳”战略稳步推进。举办 2024 中欧（青岛）绿色与可持续发展论坛，发布

新区绿色与可持续发展典型案例20个，为中欧绿色低碳发展贡献“西海岸方案”。深化气候投融资试点，青岛港自动化码头智慧、绿色“双五星”港口建设实践获评全国绿色低碳典型案例。

绿色低碳转型升级。深入实施绿色制造工程，新认定青岛京东方光电科技有限公司等省级绿色工厂6家、青岛海尔中央空调有限公司等省级绿色供应链管理企业5家。新型电力系统建设加速，整区屋顶分布式光伏累计并网容量超过70万千瓦，风电装机超60万千瓦，新增电动汽车充电桩6300个。

人居环境根本性改善。修复森林3.1万亩，建成口袋公园、林荫廊道19处，饮用水水源地水质达标率为100%。灵山岛获批国家3A级景区，唐岛湾发现山东省面积最大鳗草海草床，“碧海含金 蓝碳有价”案例获评国家海洋生态保护修复典型案例。

三、2025年发展展望

（一）在深入践行国家战略上打头阵、当先锋

聚力打造海洋经济发展引领区。锚定“1+3+3+1”海洋重点产业，加快建设棋子湾海上光伏发电、国信三文鱼养殖等重点项目，推动陆基产业园建设和“深蓝2–1号”网箱应用投产，海洋生产总值同比增长8%左右。高水平承办好首届联合国“海洋十年”海洋城市大会、2025海洋合作发展论坛。争取海洋生态系统智能模拟研究设施入列国家重大科学基础设施，推动智慧海工联合研究院落地。

加快建设世界一流特色海军城。深化融合创新物流集装化体系建设“1+7+N”拓展升级行动，扩大标准物流载具市场化应用。大力发展新域新质融合创新产业，打造航空发动机、无人装备产业集群。

深入实施自贸试验区提升战略。深化自主创新、联动创新，形成30项以上高质量高效能制度创新成果。开展海洋经济政策集成改革。促进绿色金融等业务发展，完成质押融资100亿元以上。做大做强中日韩创新合作基地、山东国际大宗商品交易市场等平台，内外贸易额突破8000亿元。

纵深推进体制机制创新。争创省级以上改革试点10项以上，在省级以上复制推广改革经验60项以上，推动一批标志性改革举措落地见效。高水平承接国家和省市支持新区发展专项政策，争取召开山东省推进青岛西海岸新区高质量发展联席会议第三次会议。

（二）在全方位扩大有效需求上打头阵、当先锋

大力提高投资效益。坚持大抓项目、抓大项目，谋划新增一批“两重”“两新”项目，统筹推动256个省市区重点项目提速提效，滚动实施200个技改项目。以政府投资引导社会投资，持续扩大民间投资。用好资本招商、场景招商等新模式，引进过亿元产业项目230个以上。

优化消费场景供给。深入开展提振消费专项行动，加力扩围实施消费品以旧换新政策，开展城市生活季等百场特色活动，建成青岛自贸全球消费综合体。大力发展数字消费、绿色消费、健康消费，培育首发经济、银发经济等新增长点。

着力促进文旅消费。实施竹岔岛综合开发、灵山岛整治提升，塑造全域旅游格局。大力发展演艺经济、赛事经济、冰雪经济，丰富全季旅游体验。办好第35届青岛国际啤酒节等400余场展会、中超联赛等100场赛事。

（三）在创新引领产业发展上打头阵、当先锋

培优做强创新型产业。围绕“10+1”创新型产业体系，因地制宜发展新质生产力。巩固提升优势产业，支持家电产业从“住居”向“汽车”等领域拓展，汽车产业向智能网联新能源升级，布局汽车电子、激光显示新项目。提质增量新兴产业，专业化、市场化运营四大市级专业园区，提升青岛影视基地全链条配套。抢跑未来产业新赛道，围绕空天技术、基因细胞等领域，高质量建设未来产业先导区。

实施“人工智能+”行动。深化大数据、人工智能等研发应用，打造山东省数字经济特色集聚区。支持企业“智改数转网联”，新增省级以上智能制造示范工厂、数字化车间5家。开工建设以萨总部基地，加快建设极视角人工智能视觉平台，打造算法模型产业基地，5G信号实现全域深度覆盖。

提质扩容现代服务业。推动现代服务业向专业化高端化延伸，生产性服务业增加值突破2200亿元。发展低空经济，谋划低空飞行文旅、物流航线，推出商业化飞行典型场景。提升金融服务实体经济质效，扩大制造业、中小微企业信贷投放规模。

（四）在扩大高水平对外开放上打头阵、当先锋

深化高水平区域交流合作。拓展与“一带一路”沿线国家和地区、RCEP成员国经贸合作，实施“跨境电商+产业带”提质创新行动，办好黄河流域跨境电商

博览会。运营好青岛都市圈会客厅，加强与毗邻区市、协作区市、帮扶区市发展对接。

促进外资外贸固稳提质。提升国家进口贸易促进创新示范区、中日地方发展合作示范区建设质效，促进进口贸易与产业、消费融合发展。拓宽企业利用外资渠道，鼓励企业以利润再投、技术出资等形式利用外资。

营造国际一流营商环境。发起优化营商环境 7.0 版攻坚行动，集成推出新一批改革攻坚措施，打造全国营商环境标杆城区。开展规范涉企执法专项行动，扩大涉企联合检查平台应用场景。放大“我与企业一起成长”“耦合汇”政务品牌效能，“一企一策”帮助经营主体纾难解困。

大连金普新区

一、基本情况

大连金普新区设立于2014年6月，是全国第10个、东北地区第一个国家级新区，背靠广袤的东北大地，濒临浩瀚的黄渤两海，面积2299平方公里，实际管辖范围1949平方公里，常住人口约160万人，是东北地区走向世界的海空门户，也是与东北亚国家经贸往来和开放合作的重要枢纽。

国家赋予大连金普新区的定位是“一地一极三区”，即我国面向东北亚区域开放合作的战略高地、引领东北地区全面振兴的重要增长极、老工业基地转变发展方式的先导区、体制机制创新与自主创新的示范区、新型城镇化和城乡统筹的先行区。

2024年，金普新区实现地区生产总值3153.2亿元，同比增长6.0%；一般公共预算收入210.6亿元，同比增长7.1%；固定资产投资460.8亿元，同比下降4.8%；规模以上工业增加值同比增长7.3%；社会消费品零售总额453.6亿元，同比增长4.8%；实际利用外资3.1亿美元，同比下降60%；引进省外内资543.7亿元，同比增长15%；外贸进出口总额2274.2亿元，同比增长2.3%；城镇常住居民人均可支配收入57977元，同比增长5.0%。

二、2024年高质量发展成效

（一）大力发展实体经济，现代产业实现扩能升级

优势产业量质齐升，五大优势产业产值占规模以上工业总产值的84%，支撑作用持续增强；逸盛大化100万吨多功能聚酯切片二期、50万吨多功能聚酯切片扩建项目相继投产；奇瑞（大连）汽车零部件产业园建成运营，技改项目投入生产，新能源车型实现量产；融科高分子材料、科德数控卧式铣车等项目加快建设；大连中集特种物流装备有限公司、中触媒新材料股份有限公司等9家企业获评国家级绿色工厂。项目建设攻坚突破，全年开复工项目575个，总投资超过3000亿元；斯凯孚

四期、东陶陶瓷等 310 个续建项目加快推进；复星雅立峰、恒坤新材料二期等 265 个新项目全面开工；大沈线升级改造等央地合作项目取得新进展。文旅产业加速聚集，锚地酒店、光伸蔚蓝牧场等项目全面开工，航海时代海洋文旅城、众益悦榕圆梦海岸等项目加快建设，山海奇幻谷、金泉广场投入运营；全年接待游客 2400 余万人次，大连金石滩旅游集团有限公司获评国家文化产业示范基地。

（二）实施创新驱动发展，新质生产力加快培育壮大

数字经济引领产业升级，与中国电子、中国电信、中电光谷等头部企业开展深度合作，大连数据产业有限公司成立运营，智创园 A 区开园启用；人工智能计算中心优质算力达到 500P，成功纳入国家“新一代人工智能”重点项目，大连数谷成为拉动数字经济高质量发展的重要引擎。创新能力持续提升，出台高新技术企业全生命周期培育扶持政策，新增国家级专精特新“小巨人”企业 4 家，省级专精特新企业 26 家；成功举办世界机器人大赛大连锦标赛。科技成果高效转化，松木岛化工新材料中试基地竣工使用，与国创氢能燃料电池携手跻身省级中试平台；通用大连机床高端数控机床联合研发中心成立运行；新认证 9 家省级企业技术创新中心、5 家市级企业技术创新中心；国家知识产权强县建设试点扎实推进；北方国家版权交易中心有限公司获评国家知识产权信息公共服务网点；东北首个大数据集成智能化知识产权价值评估系统投入使用。

大连数谷智创园

（三）纵深推进改革创新，地区发展活力显著增强

扎实推进国企改革，全年压减企业 55 家，国企管理体系更加精简高效；大连德泰控股有限公司获批东北首家数据确权“三证”，完成全国首个区域民生服务综合数据产品入表；大连德泰港华燃气股份有限公司在新三板挂牌。完善园区企业授权体制，制定《金普新区园区国有企业受托管理权责清单》，使园区国企能够更好地围绕园区主责主业开展工作。推动“高效办成一件事”落到实处，制定《金普新区“高效办成一件事”2024 年度重点事项清单》，推动国家、省、市共 59 项“高效办成一件事”重点事项落地见效。上线运行“金普新区企业综合服务平台”网页端及微信小程序端，为企业提供法人办事一站受理、惠企政策智能速配、诉求服务全面贯通、专项活动在线申报的全流程服务。

（四）聚力推进开放合作，发展空间得到持续拓宽

自贸片区提升战略深入实施，全年推出制度创新成果 90 项。全国首笔进口离岸现货大豆期转现业务、东北首架飞机保税融资租赁、首条跨境船舶金融租赁、首单保税期货交割原油国际转口、首例进口铜精矿保税混矿试点等一批新业态新模式落地实施。“9810 + 海外选品中心”展销新模式成功落地，跨境电商出海公共服务中心

大连大窑湾保税物流中心（B 型）

揭牌运行，首个俄罗斯出口中心地方合作中心落户金普新区。大连大窑湾保税物流中心（B型）顺利验收。持续深耕日韩市场，爱丽思商用清扫机器人、日冷预制食品、中源房车制造工厂等项目签约落地。国家级物流枢纽建设稳步推进，会同辽宁港口集团推出国际集装箱航线合作开拓新模式，支持大连港持续加大航线拓展力度，优化完善航线网络。新增大连至南美西、印度、印尼、墨西哥4条外贸航线，枢纽服务能级持续提升。

（五）坚持城乡统筹协调，区域承载能力明显提升

城市功能不断完善，加快推进国土空间分区规划编制，10个街道乡镇级国土空间规划和138个村庄规划编制全面完成；统筹布局建设首批17个城中村改造项目，改善近9000户居民生活环境，消化6000余套存量房，为重点园区和优质项目提供26平方公里用地保障。新建改造地下管网768.5公里，老旧供水管网改造一期开工建设，金州老城区雨污分流工程竣工使用。绿色发展成效明显，全年空气质量优良天数达到338天，饮用水水源地水质优良率达到100%；推进气候投融资与绿色金融衔接，全国首批1.43亿元可持续发展双挂钩贷款落地新区；打造“无废城市”，建筑垃圾资源化利用项目开工建设，大魏家垃圾焚烧厂二期建成使用，生活垃圾焚烧无害化处置率、城区街道生活垃圾分类覆盖率、农村生活垃圾处运率均达到100%。海洋经济焕发活力，推动海工装备产业聚集发展，蓝石海洋工程（大连）有限公司新材料海洋智能装备新工厂、石岛工业船用甲板等项目竣工投产；加快建设“蓝色粮仓”。乡村振兴扎实推进，刘大线与稻荞线连接线等工程完工，新区“四好农村路”建设经验入选全国“四好农村路”高质量发展典型案例百强榜单；七顶山街道和华家街道新石村等5个村分别获批国家级乡村振兴示范村镇。

（六）改善提高民生质量，社会大局保持和谐稳定

保障水平稳步提高，重点群体就业渠道不断拓宽，就业公共服务进校园、万名大学生进名企系列活动成效明显，全年新增就业2.7万人，发放稳岗资金和就业补助金1.2亿元；“1+11+42”金普康养模式高效运行，德泰颐景荟康养中心获评省级5星级养老机构。教育事业优质均衡，面向全国重点师范院校、双一流高校等招聘优秀毕业生948名，全区教育教研教学水平不断提升。新打造4个医联体医院和1个医院协作中心，金州区一院和二院改扩建主体竣工，开发区医院住院部新大楼建成使

用。深入践行新时代“枫桥经验”“浦江经验”，“1+1+2+N”基层社会治理金普模式加速构建，议事协商委员会实现社区、村全覆盖。大连市公安局开发区分局黄海路派出所获评省级“枫桥式公安派出所”。

三、2025年发展展望

（一）科学判断政策走向，牢牢把握高质量发展新机遇

千方百计扩大有效投资，精准把握中央对政府投资的新要求、央企投资的新方向、社会资本投资的新动态，用足用好用活国家一揽子增量政策。多措并举激发消费潜能，大力发展智能家居、文娱旅游、体育赛事、国货“潮品”等新型消费，发展壮大假日经济、夜间经济、银发经济、赛事经济。充分释放园区平台载体作用，进一步扩大自贸片区制度型开放优势，推出一批惠企能力强、可复制可推广的高质量创新成果。

（二）加速发展新质生产力，塑造现代化产业发展新格局

推动优势产业提质增效。聚焦石油化工、装备制造、汽车整车及零部件、电子信息和生物医药五大优势产业，推动转型升级、扩大规模效益。发展壮大战略性新兴产业。瞄准数字经济、新能源、新材料、低空经济和海洋经济五大战略性新兴产业，不断开辟产业发展新赛道，塑造产业竞争新优势。加快建设大连数谷，培育壮大人工智能、空天信息、金融服务、数据安全等产业集群，拓展“数字+”应用场景，加快推进智创园B区建设。大力发展低空经济，加快欧亚直升机搬迁项目进度，推进B类通用机场跑道建设，拓展低空领域应用场景。做大做强生产性服务业。

（三）全面深化改革开放，培育壮大竞争合作新优势

优化国有企业发展布局和主营业务，推动战略性重组和专业化整合，年内再压减国有企业48家，实现国有资本和国有资源向重点领域、优势企业集中，持续放大国有资本强引擎、硬支撑作用。打造高能级开放平台。大力发展跨境电商，打通“1210零售出口”业务路径，建设出口集货前置仓，推动万众云仓金普商品展示中心投入运营。发挥“口岸+保税”功能优势，扩大油品、矿石、LNG等大宗商品国际中转业务规模；推动国际航行船舶保税燃料油加注许可权和铁矿石保税破碎等

高能级政策落地，拓展大宗贸易新业态。争创省级国家现代粮食物流（产业）示范园区。

（四）强化创新要素集聚，积蓄更多发展新动能

进一步完善科技型企业梯度培育体系，备案科技型中小企业500家，认定高新技术企业300家，雏鹰企业和瞪羚企业30家。加速科技成果转化，以松木岛化工新材料等中试基地为载体，推动实施一批中试平台和中试项目。加速产学研深度融合，打造信基V谷智能制造“产学研用”综合基地。持续优化创新生态，建立健全金融支持科技创新政策体系和工作机制，设立科技创新基金，为科创企业提供资金支持，促进科技金融深度融合。

（五）坚持城乡融合发展，持续提升民生福祉

17个城中村改造项目全面启动，5个回迁楼及配套工程全面开工，力争完成居民动迁6000户、再消化存量房3000套。积极融入东北地区“北粮南运”安全能力网络建设，创建省级粮食应急保障中心，确保金粮成品库等9个项目竣工使用。积极回应多层次多样化民生需求，加大财政保障力度，集中力量办好30件惠民实事。加快推进养老事业发展和养老产业项目建设，推动富林、益康、瑞泰等养老服务项目按期运营。大力发展优质教育，完成12所学校校舍加固和金州高级中学维修改造工程。全年新增就业2.5万人，零就业家庭动态清零。

四川天府新区

一、基本情况

四川天府新区是2014年10月经国务院批复设立的第11个国家级新区，位于成都市南部，规划面积1578平方公里，由四川天府新区直管区和高新、东部新区、龙泉、新津、双流、眉山天府新区等7个片区组成。2018年2月11日，习近平总书记亲临天府新区视察时提出，“天府新区是‘一带一路’建设和长江经济带发展的重要节点，一定要规划好建设好，特别是要突出公园城市特点，把生态价值考虑进去，努力打造新的增长极，建设内陆开放经济高地”。2020年1月3日和10月16日，习近平总书记先后两次研究成渝地区双城经济圈建设战略，赋予新区“建设公园城市”“共建西部科学城”“共同打造内陆开放门户”“发挥产业旗舰作用”等110项重大战略任务。四川省委、省政府把四川天府新区建设上升为治蜀兴川的“百年大计、省之大事”，将四川天府新区建设目标确定为“新时代公园城市典范和国家级新区高质量发展样板”。

四川天府新区以公园城市先行区建设为统揽，牢牢把握抢抓国家战略腹地建设和关键产业备份重大机遇，持续筑强科技创新策源、现代产业旗舰、内陆开放门户支撑功能，全力推动经济社会高质量发展。2024年四川天府新区实现地区生产总值5103亿元、同比增长6.6%，十年跨越4个千亿元级台阶、累计达35816亿元、年均增长11.7%。截至2024年底，天府新区新增人口超过120万人、人口总量达350万人、同比增长52%。

二、2024年高质量发展成效

（一）深化价值转化，公园城市先行示范效应增强放大

持续深化实践和理论探索，成功举办第四届公园城市论坛，成立公园城市理论研究联盟和公园城市规划研究联盟，深入探讨城市未来空间规划、数字经济与数字

治理、立体互联互通、儿童友好城市建设等主题，发布《天府新区公园城市规划管理创新实践》《中国公园城市指数 2023》等理论成果，形成一批可复制可推广的典型经验和制度成果。城市发展空间持续优化，创新街区界面塑造、底层架空利用、通透围墙引导等方式，推动塑造多维立体城市界面。生态价值持续彰显，深入开展国家气候投融资试点，确立气候投融资项目和企业评价标准，推动设立规模为 10 亿元的成都市绿色低碳产业发展基金。

（二）突出“双向发力”，创新策源动能筑基成势

战略科技力量加快集聚，太行国家实验室园区建成投用、汇聚人才团队 700 人；加快建设天府兴隆湖、永兴、锦城、绛溪四个实验室，承担国家和省市科研项目 52 项，汇聚人才团队 2500 人；北京大学成都前沿交叉生物技术研究院、芯华创新中心、国家超高清视频创新中心挂牌运行，我国自主设计研制的新一代人造太阳“中国环流三号”在国际首次发现并实现先进磁场结构，仿星器、磁浮飞行风洞等重大科技基础设施加快建设。创新发展生态加快优化，成都科创生态岛入驻专业服务机构 100 家、集成科技服务事项 104 项，构建“科创通＋科创岛”服务体系，落地成都天使投资母基金、中金启元二期科创母基金、国家精准医学产业创新基金等 100 亿元科创基金群。科技创新成果加快转化，建成投用中试验证平台 37 个，举办成果供需对接活动 145 场，转化落地北京理工大学高空高速无人机、香港城市大学智能转运体系研究中心等项目 103 个，累计促成产学研合作 250 项，全国首创区域级 AVP 无人泊车应用场景常态化。

成都科学城

（三）培育重点项目，现代产业体系扩能升级

重大项目支撑有力，签约引进沃尔沃纯电新车型、美团西南总部等项目 199 个、总投资 1517.7 亿元，开工建设复星医药创新疫苗总部及产业化基地、高效晶硅太阳能电池智能工厂等项目 102 个、总投资 716.7 亿元，竣工投运澳康达西南中心、云克药业核药生产基地等项目 89 个、总投资 540.5 亿元。优势产业转型提质，培育 10 家电子信息国家级专精特新“小巨人”企业、2 家电子信息上市企业、127 家电子信息制造业规模以上企业，电子信息实现产值 1300 亿元；汽车产业稳中向好，一汽丰田亚洲龙 2.0 混动、一汽丰田全新普拉多、极星 3 爬坡上量，沃尔沃 EX90、领克 E335 等新车型投产下线，实现汽车制造业产值 1200 亿元；航空经济持续向好，空客项目获批开展区外保税维修业务试点，顺丰西部航空货运枢纽等 16 个项目加快建设，航空产业预计实现产业规模 1200 亿元以上；国内首台核电厂稳压器先导式安全阀通过产品鉴定，全国首例 20 兆瓦超大功率风冷型高压变频器设备成功完成“168 小时测试”，装备制造产业全年实现产值 343 亿元。未来产业集聚拓展，组建四川首个低空飞行服务公司，打造首款 600 公斤推力级涡扇发动机，沃飞长空 AE200 电动垂直起降航空器验证机顺利完成飞行试验。设立成都蓉创先导股权投资基金，引进世界 500 强企业费森尤斯奥美德、百亿元级绿叶生命科学集团研发及产业创新基地等项目。

（四）锚定国家战略，区域协同发展整体成势

深度融入成渝地区双城经济圈建设，携手重庆两江新区全年举行创新协同产业联动、“江天联动”汽车产业对接、智能装备产业科技交流等活动 12 场次，“八大产业旗舰联盟”汇集头部企业 90 家、会员企业 1000 余家，国家超级计算成都中心、两江云计算数据中心共同为成渝地区 1500 余家企业机构提供算力支撑。充分赋能成都都市圈发展，推动设立四川成德眉资同城化科创母基金和四川成眉同城化科创股权投资基金，常态化运营天府新区（成眉）人才协同服务中心，面向科技型企业开展“科技引领成果先行”培训等活动 112 场次，发布科技协同创新需求 133 项。

国家超级计算成都中心

三、2025 年发展展望

（一）勇挑产业发展大梁，在打造经济新兴增长极上提质增效

大力实施“立园满园”行动，突出抓好重点企业、重点项目、重大活动、重大平台，围绕电子信息、汽车制造、数字经济等主导产业领域开展“靶向招商”，深入挖掘现有企业关联配套项目和企业实现“以商招商”，加快促进重大项目签约落地和上下游企业聚集。大力推进“工业上楼”，优化组建成都科学城高新技术产业园区，加快拓展航空动力、低空经济、新能源新材料等未来产业赛道，全力推动经济稳定增长，力争四川天府新区全年地区生产总值同比增长 5%、直管区地区生产总值同比增长 7%。

（二）勇担创新策源重任，在铸造新质生产力“源动力”上进阶跃升

大力争取“十五五”重大科技基础设施布局，建成运行成都科创生态岛 2、3 号

馆，推广运用“科创通＋科创岛”服务体系，开展集聚、服、展、孵于一体的全链条服务，招引导入高能级服务机构、创新平台等100个以上。聚焦创新药、新材料、集成电路等重点产业链需求，建设“中试＋”生态体系，设立50亿元中试平台建设基金，培育发展中试对接、孵化、基金等七大“中试＋”项目综合服务，布局建设市场化中试平台100个，链接高能级中试平台200家以上。

（三）勇为破题开路先锋，在建设内陆开放新高地上巩固提升

积极融入西部陆海新通道、“数字丝绸之路”建设，深化中意、中法、新川、川港、蓉港等跨境合作园区建设，高质量建设国家进口贸易促进创新示范区、成渝跨境公路运输平台，高水平举办第五届公园城市论坛、“一带一路”科技交流大会等重大展会活动，筹备申建研发创新型综合保税区，推动天府综合保税区封关运行，打造加工制造、研发设计、物流分拨、检测维修和销售服务“五大中心”。

（四）勇做示范引领标杆，在建设公园城市先行区上加力突破

持续深化公园城市理论探索和实践探索，发挥总师专业领衔作用和行业引领作用，做强公园城市指数研究中心平台功能，开展公园城市指数前瞻性、创新型理论课题研究，不断提升公园城市影响力和品牌能级。深化实施稳增长、算力支持、房地产平稳健康发展、企业高质量发展等本土政策措施，常态化开展“进解优促”工作，加快打造新时代更高水平“天府粮仓”。

湖南湘江新区

一、基本情况

湖南湘江新区是2015年4月经国务院批复设立的全国第12个、中部地区首个国家级新区，规划面积490平方公里，涵盖岳麓区全境、望城区和宁乡市部分街镇，拥有5个国家级园区、2个省级园区，常住人口252万人。2020年10月，省委、省政府提出布局建设湘阴、湘潭九华新片区。2022年6月，按照省委、省政府决策部署，湖南湘江新区推进了体制机制优化改革，实现湘江新区、长沙高新技术产业开发区和岳麓区“三区合一”。新区直属区（含原岳麓区，托管的望城雷锋街道、白马街道、黄金园街道、金山桥街道、白箬铺镇）共计790平方公里，下辖24个街道（镇），237个村社。

二、2024年高质量发展成效

（一）经济发展走在前列

主要指标高于省市。2024年全域地区生产总值同比增长6%，完成固定资产投资2780.35亿元，同比增长4%，实现社会消费品零售总额1745.55亿元，同比增长5.2%，规模以上工业增加值达1491.31亿元，同比增长13.7%，直属区地方一般公共预算收入同比增长6.9%，税收收入占比达77.8%，主要经济指标均高于省市平均水平。全社会研发投入强度、上市企业总量、国家制造业单项冠军企业总量、国家专精特新“小巨人”企业总量、战略性新兴产业占比、产业创新竞争力等6项高质量发展指标居全国新区前三位。

项目建设掀起热潮。直属区铺排重大项目1171个，完成投资近千亿元。54个项目参加全省重大项目集中开工仪式，总投资395.8亿元，项目数量与投资额均居全省第一位。

发展后劲持续增强。引进产业项目218个，总投资871亿元，其中投资过50亿元的产业项目 4 个、10 亿元的产业项目 26 个、“三类 500 强”关联项目 21 个。

（二）现代产业转型升级

重点产业稳定增长。工程机械产业集群综合实力稳居第一阵营。生物医药产业链向千亿元产业集群加速迈进。航空航天（含北斗）产业保持两位数增长。39 家企业入选省互联网企业综合实力 50 强榜单，占全省的 78%。智能网联汽车产业集群获得第五块智能网联领域国家级牌照。

国家智能网联汽车质量检验检测中心（湖南）

企业实体发展壮大。经营主体、企业净增数量分别同比增长 9.5%、12%。有纳税记录的企业数同比增长 13.5%，总数超 7 万家，占全省总量的 12%。新增省级以上专精特新企业 350 家、高新技术企业 660 家。新获批国家专精特新“小巨人”企业 15 家，占全省的 23%、全市的 42.8%。新增规模以上企业 302 家，总量超 2000 家，增量和总量均位居全市第一。8 家企业成为全省制造业质量标杆，5 家企业上榜“中国独角兽企业”，总量均位居全省第一。

营商环境有效改善。安排 1054 名副科级以上干部对口联系服务重点企业 3485 家，常态化开展“送解优”等活动，解决企业诉求 6580 个。推进“雷锋式”项目服务，项目签约到投产的平均时间缩短 5 个月。

（三）科创能级显著提升

打造高能级创新平台。新增各类研发机构 328 家，占全市新增数量的 46%，总数位居全省第一。直属区全社会研发投入强度达 9.5%，排名全国新区第一。湘江科学城的科技服务中心、湘江院士港、长沙市一中（湘江科学城校区）主体封顶，湖南师范大学科创港、湖南钢铁技术研究院、中车长沙科创中心等 29 个项目落户新区。

打造高效能转化体系。牵头或参与省级重点研发和技术攻关项目 112 个，占全省的 45%。全年技术合同登记金额同比增长 10%；登记件数突破 5000 件，同比增长 17%，总数位居全省第一。有效发明专利拥有量突破 3.3 万件，占全省的 30%。18 个项目登榜国家科学技术奖，占全省的 90%。

打造高层次人才队伍。新入选全市 ABCD 类高层次人才 304 人，占全市的 46%，人才总量突破 100 万人。域内大学生毕业留湘率达 65.5%。上线“天天麓演”平台，举办系列路演活动 500 余场，发布融资需求 400 亿元，吸引 7200 家投资机构和 1800 个科创项目参与。

（四）改革开放拓展新局

运行机制得到新优化。省级分两批向新区赋权 129 项；市级下放权限 5552 项，实现“新区事新区办”，行政效能提升 20%。

重点改革取得新突破。瓶装燃气安全监管等 4 项改革经验在全国推介。完成长沙信息产业园体制改革，承担原长沙高新技术产业开发区经济职能，获得省委充分肯定。探索土地等要素市场化改革，全省首个土地招商展示中心投入使用。以长沙高铁西城片区为试点推进房票安置改革，彻底解决群众安置问题。

对外开放迈出新步伐。英中商业发展中心湖南代表处、德国中小企业总部集聚区（湖南）等平台先后落户。入驻国际商事机构 28 家，新设外商投资企业 57 家。首次在香港举办金融合作交流推介会。九华科创中心完成建设。长沙临港产业开发区成功获批，湘阴虞公港一期建成投入运营，成为长株潭新出海口。

（五）城乡品质融合提升

片区建设成为标杆。梅溪湖片区城市地标金茂大厦竣工投用，长沙高铁西城初具门户枢纽功能，大王山旅游度假区启动创建国家级旅游度假区工作。

虞公港一期实现开港

乡村振兴提质增效。村级集体资产突破百亿元，集体经济收入 100 万元以上的村达 36 个。民生实事全面完成。完成省、市、区重点民生实事 24 件 35 个项目，持续擦亮“岳麓山下好读书”“岳麓山下好创业”“岳麓山下好宜居”等民生品牌，上榜“中国幸福百强区”。

生态环境提升攻坚。空气质量优良天数比例为 87.5%。国省控断面平均水质优良率和达标率、集中式饮用水水源地水质达标率均为 100%。橘子洲打造国内首个江岛零碳示范区，入选首批“零碳中国”标准试点。

三、2025 年发展展望

（一）以“项目攻坚”为主题，当好“三高四新”美好蓝图的一面旗帜

抓产业项目攻坚，在打造先进制造业高地上当主力。强力推进省市重点产业项目、新区十大产业项目，新开工项目 185 个以上。大力建设中联数智园，支持工程机械拓展再制造。建设运营好“世界计算·长沙智谷”项目，实施软件信息产业倍

增行动，推动新一代自主安全计算产业迈向世界级。加快建设湘江数字健康产业园，推动大健康产业迈上千亿元级台阶。支持先进储能、检验检测创建国家级产业集群。建设“车路云一体化”先行区，做实做强智能网联汽车产业。打造大飞机供应链智造基地，开拓北斗、航空航天、低空经济等新赛道。依托桃子湖未来技术研究院等平台，加力布局人工智能等产业，打造一批未来产业孵化园。

抓科创项目攻坚，在打造科技创新高地上挑大梁。全力攻坚湘江科学中心、湘江实验室、湖南大学科创港、湖南师范大学科创港等重大平台项目，争取引进“中字头”“国字号”创新平台。全力攻坚中车长沙科创中心、湖南钢铁技术研究院、长沙矿冶技术创新中心等重大研发项目，建设一批中试基地、概念验证中心、仪器设备平台，实施100个科技攻关项目，把更多科技成果转化为现实生产力、新质生产力。

抓十大片区攻坚，在打造改革开放高地上开新局。向东提升城市品质，完善梅溪湖超级中轴，做强湖南金融中心。向西拓展对外通道，加快高铁西城片区建设，推动高铁西站早日投入运营。向南打造融城门户，提质升级大王山北片区，提速建设九华兴隆湖片区，推动九华片区科创中心投用。向北对接长江经济带，推动虞公港“港产城”融合发展，加快长沙临港产业园建设。向外扩大开放空间，推进海归小镇、海外工作站建设，引进一批制造业、服务业外资企业，做实德国中小企业总部集聚区，打造中欧国际合作示范区。

（二）以“招商破局”为主题，当好全省高质量发展的示范标杆

从思维理念上破局，提升招商能力。加强精准招商、精准选商，实行雷锋式、专业化、全周期服务，全力引进延链、补链、强链的大项目、好项目，提高资金到位率、项目开工率、税收贡献率，力争招一个落一个、引一个成一个。

从体制机制上破局，汇聚招商合力。建立“一盘棋”统筹机制，一体化联动机制，汇聚全域、全员招商的强大合力。园区按照“百分之五十的人招商”要求，以“雷锋式”服务抓项目承接落地。国有企业树立大抓招商的理念，安排足够的人员力量做好招商工作。相关部局、产业链办公室积极配合协助，发挥支撑保障作用。

从方式方法上破局，扩大招商成果。积极探索产业链招商、平台招商、基金招商、场景招商等好模式、好办法。在基金招商方面完善“招投管退”、考评容错、激励让利等机制，提升资金募集、基金运营、以投带引的能力，构建“招投

一体化”模式。设立一批创投基金、产业基金，打造千亿元规模的基金矩阵。支持企业开展供应链招商，支持企业增资扩产、拓展上下游，推动“存量”变“增量”。加强“以商招商”“以情招商”，鼓励支持更多湘商回归、校友回归、湘智回归。

（三）以“创新创业”为主题，打造全球研发中心城市核心引领区

推进“两城同建”。建设湘江科学城、岳麓山国家大学科技城，唱好“双城记”，打造“双引擎”。重点加快湘江科学城“五大建”等项目建设，建设运营好湘江科创基地、大学科技园、岳麓科创港，引育“三类 500 强”研发中心等各类研发机构 400 家以上。

深化“双创联动”。积极对接、服务驻区高校院所，建设区校创新联盟，组建校企创新联合体，力争高校科技成果就地转化率达到 60% 以上。建好大学生创新创业园，用好大学生创业基金，办好湘江科技创新院，运营好岳麓山科创路演中心，以“一园一基金、一院一中心”，吸引全国乃至全球大学生来新区创新创业。

加大企业“梯次培育”。实施“智赋万企”、扩能升级、“人工智能 +”等专项行动，完善企业梯度培育体系，支持企业做强、做优、做大，力争新增上市企业 4 家、省级以上专精特新“小巨人”企业 150 家、规模以上企业 300 家。

（四）以“改革赋能”为主题，打造全省改革试验田、开放桥头堡

以改革赋能园区发展。进一步向园区放权赋能，推进园区市场化、专业化、法治化改革，深化亩均效益改革，完善体制机制，激发动力活力。推进湘江科学城实体化运作，更好承担“两城”建设发展职能。探索湖南金融中心园区化改革，加快建设湘江基金小镇二期。

以改革赋能企业发展。深化国资国企改革，增强造血功能，提升自主发展、资源配置和投融资能力，在片区开发、项目建设中发挥更大的作用。充分发挥经济体制改革的牵引作用，探索“高效办成一件事”“高效服务一个产业”等集成式改革。用好省市赋予的管理权限，进一步向市场放权，提升服务效能。

以改革赋能区域协调发展。完善跨区域合作开发机制，与湘阴县、城陵矶港口

集团共建长沙临港产业开发区，打造虞公港产业园、金龙产业园等“一港两园”。紧密对接湘潭市九华经济技术开发区，完善土地出让、委托审批、资金管控等合作机制，共推开发建设，共享科创资源，共建产业体系，实现合作开发、功能互补、政策衔接等高水平一体化发展。

南京江北新区

一、基本情况

南京江北新区是2015年6月经国务院批复设立的第13个国家级新区，也是江苏省唯一的国家级新区。新区位于南京市长江以北，包括浦口区、六合区和栖霞区八卦洲街道（全域面积2451平方公里），规划面积788平方公里；其中直管区面积386平方公里，下辖7个街道和6个园区，常住人口114万人。根据国务院批复，新区的战略定位是"三区一平台"，即逐步建设成为自主创新先导区、新型城镇化示范区、长三角地区现代产业集聚区、长江经济带对外开放合作重要平台。2019年8月，中国（江苏）自由贸易试验区获批设立，南京片区面积39.55平方公里，全部位于新区范围内，新区进入"双区联动"发展时期。历时近10年的发展，新区地区生产总值、一般公共预算收入等主要指标实现翻番。2024年，新区实现地区生产总值4067亿元，同比增长4.8%。

二、2024年高质量发展成效

（一）开展"四大行动"，持续推动经济强基提振

"服务企业"行动。构建全域覆盖、全员参与、专班牵头、专员负责服务体系，打造"事不过夜服务、永不简单说不"服务品牌，累计走访企业9118家次，解决诉求1930条；新增国家专精特新"小巨人"企业35家、省级专精特新企业107家；新注册企业近1.5万家。

"项目建设"行动。全程全链靠前服务，专人"帮办、跟办、盯办"，扬子扬巴轻烃综合利用、金陵石化高端日化品、南京北站枢纽3个百亿元级项目开工，38个省、市重大产业项目投资完成率达107.6%，129个新区当年实施重大产业项目投资完成率达101.5%；加压新增当年新开工产业项目204个。

南京北站综合客运枢纽

“研产贯通”行动。首个全国高校生物医药区域技术转移转化中心挂牌运行，2024 中国高校科技成果交易会圆满举办，梳理研发成果 286 项、落地转化 126 个；EDA 国创中心成功研制国际首套射频无源器件智能综合工具、国内首套标准单元自动生成工具，江苏省光电技术创新中心建成国内首条“薄膜铌酸锂 +X”异质集成光子芯片产线；江苏省类脑智能技术创新中心成功获批，基因与细胞技术入围全省首批未来产业先行集聚发展试点。

“招商引资”行动。构建“全域发力、全员招商”格局，举办外资企业家（香港）恳谈会等活动 50 余场，“一把手”带队外出招商 1470 余次，累计签约项目 736 个，中信泰富特钢集团总部、国家智能传感器创新中心江苏基地等一批优质项目落地。

（二）聚力“产业强区”，加快新旧动能接续转换

优化构建现代化产业体系。构建“2+4+N”现代化产业体系，加快钢铁、石化等优势产业焕新升级，推动集成电路、生命健康、智能网联等新兴产业培育壮大，前瞻布局高端光子芯片、氢能与新型储能、基因与细胞、新型医工交叉等未来产业方向，成功入选首批省级制造业高质量发展示范区；新材料科技园在全国化工园区中综合排名第二，生物医药谷位居国家生物医药产业园区竞争力第八；2024 年，产业

营业收入突破5600亿元。

扎实推动“实数融合”。深入推进“智改数转网联”，2家企业获评省级“智改数转网联”标杆企业，3家获评省级智能制造示范工厂，5家获评省级智能制造示范车间；中车南京浦镇车辆有限公司获批国家级5G工厂，金恒全栈式工业互联网平台获评省级工业互联网双跨平台；新材料科技园获评全省首批“万兆园区”。

全面强化金融赋能。建设江苏扬子江产业金融集聚区，打造科技金融、绿色金融、数字金融等新金融业态。推进基金集聚区建设，积极争取省战略性新兴产业专项基金及子基金落地，发挥南京江北新区高质量发展母基金作用，分类构建“1+2+1+N”基金矩阵，完成21只子基金组建，总规模近100亿元，首创跨境上市产业投资基金，积极参与国家、省市大基金，吸引相关基金管理人落地；与中保保险资产登记交易系统有限公司、中国人民保险集团股份有限公司等头部保险机构开展战略合作，大力吸引耐心资本。启动南京江北新区科技金融服务中心，深化“股贷债保”联动服务机制，提升金融服务实体质效。

（三）立足“双区叠加”，全力打造开放合作平台

持续推进制度创新。深入实施自贸试验区提升战略，出台自贸区“先行先试26条”，4项改革创新成果入选中国（江苏）自由贸易试验区第五批改革试点经验，5项成果入选江苏省第五批创新实践案例；深化生物医药全产业链开放创新，试点生物医药研发用物品进口“白名单”制度与特殊物品联合监管机制，5家企业、15种特殊物品通过风险评估。

持续扩大对外开放。抢抓服务业扩大开放综合试点政策调整机遇，大力发展服务贸易、数字贸易、跨境贸易，做强“跨境电商+高端智造/生命健康/集成电路/化工品香精香料”四大特色产业带区域品牌；召开2024中国（南京）跨境电商开放合作大会，推行“保税仓库出入库全链数字监管”新模式，建设长三角企业海外发展综合服务中心，上线“金陵数贸通”数据跨境流动公共服务平台，扩大“绿色出海”公共服务平台至15个省市，QFLP（合格境外有限合伙人）、QDLP（合格境内有限合伙人）试点累计份额居全市首位。

持续优化营商环境。大力推进“高效办成一件事”，办件量超11万件；率先探索“两评一证”联办模式，审批时间从20个工作日缩短至1个工作日；高标准打造扬子江法务区，试点港澳台律师事务所联营，打造市场化、法治化、国际化营商环境。

（四）建设“江北新主城”，全面提升区域发展能级

提升城市形象。聚焦产城融合、职住平衡，优化“一核两翼五组团四轴带四片区”城市布局，加快打造“现代、国际、精致、活力、生态”南京江北新主城。

提升交通功能。北沿江高铁、宁淮城际铁路新区段全面施工，南京新生圩长江大桥主桥贯通，建宁西路过江通道建设有力推进，地铁 4 号线二期、11 号线一期新建车站全部开工，内部交通路网不断织密，内外联通、拥江贯通交通格局加快构建。

提升公共服务。省级义务教育学生学业水平监测质量进入全市前列，入选教育部首批全国学校家庭社会协同育人实验区，创成江苏省义务教育优质均衡发展区。鼓楼医院江北院区二期项目主体结构封顶，南京医科大学第四附属医院建成 6 个市级重点专科；全省首创网约家庭药师服务，全市率先实现基层医疗卫生系统信息互联互通。

提升宜居品质。建立“好房子”工作推进机制，首个“第四代住宅”开盘即热销、首开去化超 85%。国际剑联女子重剑世界杯等重大赛事接连落地，浦口火车站历史文化街区开放运营，持续繁荣文旅产业。社区综合服务中心构建基层公共服务治理共同体案例获评全国城乡社区高质量发展典型案例。

长江潮音乐会

三、2025 年高质量发展展望

（一）坚持抓科创、强产业，在发展新质生产力中积蓄新动能新优势

优化研产贯通生态。建设扬子江产业科技创新试验区，构建“产业科技创新枢纽港＋软件科学园＋新兴产业科创基地＋环高校成果转化创新街区”协同创新体系；持续完善科研成果就地转化机制，高质量建设全国高校生物医药区域技术转移转化中心（江苏南京），建强 EDA 国创中心、类脑智能技术创新中心等创新平台，培育 8 条独特型研产贯通细分链条，推动高“研”值向高“产”值转变。

提升产业发展能级。高水平建设新材料创新联盟，推进新材料科技园扩区、杏湖产业园建设；深化集成电路“芯机联动”，构建生物医药“学研产用”生态体系，加快第三代半导体产业园和集成电路制造基地、工业软件云工程应用创新中心建设，加快新兴产业聚链成群、集群突破；争创未来产业集聚发展试点，加大应用场景开放创新，抢占新风口新赛道。

培育优质经营主体。实施龙头企业壮大、骨干企业培育三年行动，加快千亿元级企业攀高、百亿元级企业壮大，提升五十亿、二十亿、十亿元级企业能级，推动亿元企业两年倍增、规模以上工业企业三年翻番。

（二）坚持促消费、扩投资，在全方位扩大内需中展现新担当新作为

释放消费潜力。深入开展“1535”消费活动，做强首店首展首秀“首发经济”，培育电子竞技、直播电商、短剧“兴趣消费”，全年举办消费活动 600 场。

扩大投资效益。紧盯建设实物量、投资列统量，做实“储备培育、开工建设、竣工投产”三张清单，确保省、市重大产业项目 9 月底前全面开工；加大精准招商全面攻势，用好“1+2+1+N”基金矩阵赋能，力争全年新签约项目 800 个。

争取政策赋能。紧盯中央、省市资金投资导向，更大力度争取国家“两重”“两新”超长期特别国债、工业领域设备更新和技术改造专项再贷款等政策支持，把握专项债“自发自审”试点契机，努力把政策资金量转变为发展实物量。

（三）坚持抓改革、促开放，在高水平开放合作中释放新活力新空间

强化制度创新。推进制度型突破与开放平台建设，对标国际高标准经贸规则，围绕生物医药全产业链开放创新等重点领域，探索形成更多引领性强、首创度高、可复制推广的制度创新成果。

拓展发展空间。申建综合保税区，运营新区长三角企业海外发展综合服务中心，探索开展跨境数据流动、保税维修业务与再制造产品进口等试点建设；发展航运金融，打造省船舶租赁交易区。一体落实长三角区域一体化发展、南京都市圈建设、南北合作共建等战略部署，增强要素资源集聚、配置能力。

营造一流环境。深入推进“高效办成一件事”，探索实施经营主体登记确认制、市政项目审批手续“集成办”等改革；推进扬子江法务区建设，建设数字贸易全链条纠纷化解体系，不断激发经营主体活力。

（四）坚持强功能、惠民生，在高品质建设江北新主城中彰显新形象新风采

聚力新主城建设。攥指成拳建设“一核两翼五组团四轴带四片区”，提速北站枢纽等重大交通工程，发力定山大街等重点片区重点项目；推动“第四代住宅”上市，让各类人才安居乐业、创新创造。

提标公共服务供给。实施教育强区三年行动计划，落细名校布局布点和实质引进，打造家门口的“好学校”。推进鼓楼医院二期项目、中大医院江北新院区、省肿瘤医院建设，争取外商独资医院落地，加快建设先进医疗集聚区。

打造活力新区。加快文旅繁荣和青年发展型城市建设，聚焦“赋能青年创新创业、促进大学生融入新主城、打造青春友好环境”3个方面，建强青创载体、青创服务两大平台，办好“创青春”等高级别青创赛事；组建高校青年联盟，举办“花Young新区”等主题活动；推出“乐享新区”青年卡，出台“先租后售”等政策，实施青年驿站、爱心寒（暑）托班等青年实事项目；加快发展扬子江数字视听产业园发展，打响长江文化、青奥演艺等文化IP，努力让青春活力新形象点亮营商环境“金招牌”。

福州新区

一、基本情况

2015 年 8 月，国务院批复设立福州新区，赋予其两岸交流合作重要承载区、扩大对外开放重要门户、东南沿海重要现代产业基地、改革创新示范区、生态文明先行区的战略定位。福州新区初期规划面积 800 平方公里，位于福州滨江滨海地带，涉及仓山、马尾、福清、长乐区（市）的 26 个乡镇（街道），涵盖 7 个国家级和 3 个省级开发区，中国（福建）自由贸易试验区福州片区全域在新区范围内，是带动区域协调发展的新引擎和新增长极。

获批九年来，福州新区实现了跨越式发展，2016—2024 年，地区生产总值年均增长 8.4%，固定资产投资年均增长 13.1%，规模以上工业增加值年均增长 8.4%，地区生产总值继 2023 年突破 3000 亿元以后再上一个新台阶，2024 年达到 3331.04 亿元，总量在 19 个国家级新区中位列第八，以占福州市 6.6% 的土地面积和 20.7% 的人口（2024 年新区常住人口 176.2 万人），创造了全市 23.4% 的地区生产总值，较设立之初增长 2 倍多，为福州乃至全省培育壮大新质生产力、引领高质量发展开启动能澎湃的新引擎。

福州新区

二、2024年高质量发展成效

（一）创新驱动发展有效引领，改革举措推陈出新

聚焦改革创新，推进体制机制不断优化。推动改革创新及对外开放和两岸融合工作组先行运作，完善机构设置。围绕“一城两翼”空间格局，谋划创新“1+3+N”（“1”是指党工委、管委会；“3”是指“一城两翼”三大开发建设指挥部；“N”是指若干个重大项目攻坚指挥部）片区开发模式，提升联动决策效率；秉持项目平衡运作理念，探索实践“财政＋国企＋央企＋民企＋专债＋特别国债＋基金＋金融＋运营＋盘活”等“十个加”投融资新模式。持续深化新区、自贸区、长乐区协同机制，推行“两区”联席会议等融合机制；以福州新区·长乐区数智融合运营指挥中心，整合“数字新区”“智慧长乐”力量，打造“两区”融合试点样板。制定《“三区一门户一基地”战略定位三年行动计划》，持续深化落实新区战略定位。新区政务服务中心深化“一件事”集成改革，配置26组“一件事”套餐服务，办结28000余件业务。

（二）现代化产业体系日益壮大，招商引资成果显著

围绕招引优质产业，培育主导产业，布局未来产业，推动产业结构优化升级与高质量发展。新引进高质量产业项目119项，总投资超800亿元。智算中心二期、宁丹新药、新博研桥、海昌海洋公园等相继签约落地。推动大东海碳基冷轧等11宗亿元改扩建项目建设，加速光隆精密二期等新兴产业项目落地。中国联通福州“智·云”数据中心建立闽港数据专区和数据跨境流动专线，港数闽存、闽算实现“从0到1”的突破。建设153个智能网联路侧基础设施路口、覆盖120平方公里区域，车路协同智能网联汽车道路测试里程突破30万公里，助力福州成为首批国家级智能网联汽车“车路云一体化”应用试点城市。

（三）开放交流合作持续深化，门户枢纽能级跃升

持续提升对外开放平台能级，为交流合作注入新活力。长乐国际机场总体规划正式获批，升级为区域枢纽机场、超大型机场，累计开通130条国内外航线，2024年旅客吞吐量突破1500万人次，创历史新高；机场二期项目、机场综合保税区加快建设。松下港铁路支线纳入福州铁路规划建设总图，江阴港区西部码头全面建成。

中印尼“两国双园”累计形成双边合作项目72个、总投资超930亿元；“两国双园”经贸创新发展示范园区自批复以来新增商贸服务企业542家，生成贸易项目36个。充分发挥闽港合作咨询委员会作用，闽港双方共同举办闽港数字经济合作论坛、闽港合作咨询委员会工作会议等重大活动10余场，在数字经济、金融、贸易等八大领域累计对接合作项目签约突破百亿元；闽港两地32家院校、企业和机构受邀加入闽港职业与应用教育联盟。与平潭签订《推进产业一体化协同发展合作框架协议》，共建“前店后厂”模式的“产业飞地”示范园区。开通马尾—马祖海上货运直航航线，福马“小三通”客运航线增至每日四进四出八趟航班。打造高品质两岸融合社区，挂牌“福建省（平潭）台胞职业资格一体化服务中心福州新区服务站”，承接106项台湾职业资格证换发服务。

福州新区江阴港

（四）产城人融合发展初见成效，项目建设压茬推进

以“八大攻坚行动”为抓手，加速集聚城市活力。扎实推动新区核心区353项重点项目建设，年度完成投资557亿元，新开工重点项目76项、总投资691亿元。获批土地2708亩，征迁交地近6000亩，处置闲置低效用地1708亩，试点整治地块213亩。成功发行专项债资金规模约66亿元，占市本级的1/3。地铁6号线东调段加快建设，F1快线全线车站主体结构封顶。引进三个高校校区新入驻师生约9300人，

福建师范大学附属滨海小学、第十九中学滨海校区等基本建成。投用复旦大学附属华山医院福建医院二期，总床位达 1700 张，年门诊量突破 40 万人次；福建省肿瘤医院滨海院区进入项目前期。高质量、高水平承办数字峰会、国家级新区工作经验交流会等重要会议，持续提升新区知名度和影响力。开展“产城人”融合专项行动，新导入人口超 1.9 万人。聚焦福州海滨旅游区建设，补植防护林缺口 77 公顷，持续升级下沙片区配套设施，接待游客超 400 万人次。

三、2025 年发展展望

（一）抓产业，加快培育新质生产力

围绕六大主导产业、十个细分行业，综合运用龙头招商、“资源 +”招商、“基金 +”招商、展会招商等多种手段，集中力量支持项目落地；充分发挥土地、电价、物流、租房、购房、引才、教育、医疗、税收、海外十大优势，建立完善“谋划—谈判—落地”的全流程招商推进工作机制；紧抓两岸融合发展和海上丝绸之路核心区建设契机，高站位谋划福州新区“印尼城”“闽港科创产业园”“新区、平潭一体化产业园”等国际性、区域性产业合作平台和开放合作机制建设。

（二）抓开放，纵深拓展交流合作

围绕新区对台功能定位，进一步加强对两岸政策、产业、人员往来等领域研究，争取推出一批创新惠台举措。探索建立台胞服务中心、台企项目服务专窗等服务平台，重点围绕东湖“三创园”、新投智能制造产业园等园区，打造闽台合作特色产业平台；落实中印尼两国元首会谈精神，以印尼远洋渔业、鲜食椰子输华等合作为突破口，推动海洋渔业、热带农业等五大跨国产业链深度合作，持续提升高水平对外开放能级；进一步发挥闽港职业与应用教育联盟的作用，推动闽港两地高校开展多种形式教育合作；以实施 240 小时过境免签为契机，继续争取国际航权，持续对接东航福州基地落地并增投多架过夜运力，重点聚焦东南亚干线市场，扶持以福州为中间点的第五航权亚洲航线；重点推动松下港铁路专用线（一期工程）建设，打造与临港产业相适配的港口物流体系，培育保税加工、跨境电商、整车进出口等产业集群；深挖海铁联运潜力，进一步扩大中欧、中老、中亚班列辐射范围及货运业态，推动江阴港区集装箱业务取得新突破。

（三）抓民生，深入推进产城人融合

持续优化教育资源布局，加快建设福州大学城二期，推动一批高质量职业院校落地；不断提升区域医疗水平，投用复旦大学附属华山医院福建医院三期，推进福建省肿瘤医院滨海院区建设，引导优质公共卫生资源向新区集聚，持续扩大国家区域医疗中心影响力；延伸对外对内交通体系，推动 G316 线全线贯通，加快滨海高速一期、国道 G228 线长乐松下至福清元洪公路工程等重大项目建设，建成通车 F1 快线，有序推进福莆宁 F2、F3 线长乐机场段，拓展北湖路及中央商务区、福米产业园周边路网；提高城市韧性，推动“两库一洞三河”和核心区、临空片区水网建设，加快新区滨海水厂及配套提升工程建设；提升海滨城市景观品质，持续推动防护林“第三个 100 米”建设，依托防护林带打造特色植物主题园区，规划沿海岸线骑行漫步一体式步道；发挥“数字新区”优势，加快构建福州新区智慧城市数智底座，不断提升城市治理的数字化、精细化、智能化水平。

（四）抓项目，着力破解要素制约

围绕政治、社会、产业、经济“四大效益”和项目、长期、区域、综合“四大平衡”，系统梳理谋划重点项目，进一步夯实新区核心区 2025 年超 400 项、总投资超 6000 亿元的重点项目盘子，以“八大攻坚专项行动”为抓手，按批次扎实推进季度重点项目开工工作；充分运用“十个加”投融资模式，持续推动“土地财政”向“股权财政”转变。抓住一揽子增量财政政策的窗口期，进一步加强项目谋划，为地方政府专项债、各领域中央预算补助、超长期特别国债等政策资金申报做好准备。

（五）抓改革，创新赋能高质量发展

深入实施创新驱动发展战略，一体推进教育、科技、人才事业发展。聚焦主导产业，充分发挥天津大学福州国际联合学院、福州大学城二期优势，打造福州新区青年创新创业和职业教育培训基地，创建人才引进和培育融合平台，促进以产业发展为牵引、企业岗位需求为导向的校企良性互动；主动靠前服务项目建设，编制项目全生命周期报批服务指南，重点明确工业、房地产、市政三种项目类型全生命周期报批流程，推动重点项目审批进一步提速；完善经营主体反馈机制，形成“评价—核实—整改—反馈—监督”的满意度回访闭环；探索“容缺承诺”“串改并”“多会合一”等项目落地流程，推行“拿地即开工”的新型审批模式，创新四证齐发“3+1”模式，为企业量身规划项目手续办理路径。

云南滇中新区

一、基本情况

云南滇中新区是2015年9月经国务院批复设立的第15个国家级新区，国家赋予滇中新区四大战略定位：我国面向南亚东南亚辐射中心的重要支点、云南桥头堡建设重要经济增长极、西部地区新型城镇化综合试验区和改革创新先行区。滇中新区位于昆明主城区东西两侧，批复面积482平方公里，规划范围包括安宁市、嵩明县和官渡区部分区域，常住人口107.75万人。2022年9月，滇中新区管理体制改革后，划分为直管区和共管区。直管区为空港经济区（原大板桥街道）、经开区阿拉街道在空港经济区的飞地、现东盟产业城涉及嵩明县杨林镇的部分区域，滇中新区全面负责直管区的政治、经济、文化、社会、生态文明和党的建设。滇中新区直管区规划面积425.02平方公里，常住人口13.9万人。共管区为规划范围内的其他区域，共管区内的经济发展事务及土地规划、城市建设分别交由属地政府全面管理，享受国家、省、市制定出台的支持国家级新区创新发展的各项优惠政策，以及滇中新区制定的各项政策。

二、2024年高质量发展成效

（一）经济发展稳中向好

2024年，滇中新区生产总值完成1170.18亿元，同比增长3.3%；规模以上工业总产值实现2131.5亿元，突破2000亿元大关；规模以上工业增加值同比增长-1.1%；固定资产投资实现422亿元；一般公共预算收入实现86.45亿元，同比增长-2.6%。其中，滇中新区直管区生产总值同比增长12%，规模以上工业总产值实现125.37亿元，同比增长37.6%；规模以上工业增加值同比增长61.4%，连续两年保持60%以上的增速，工业对经济增长贡献率达45.4%；新兴产业占比达57%。滇中新区直管区成为云南省园区经济建设的典范。

（二）产业发展质效显著提升

实施“产业强区、产业兴区”战略，构建了以石化、新材料、电子信息、先进装备制造、生物医药为主导的五大高端制造业。绿色石化产业量质齐升，祥丰石化高塔造粒复混肥、海容石化等项目签约落地，华特沥青海南东方港沥青仓储加工项目、南化化工即将竣工投产。2024 年石化产业完成产值 957 亿元。绿色新能源电池材料产业加速聚集，云南裕能精制磷酸项目竣工，中焜玻璃棉电池隔膜材料项目即将投产。云南裕能二期首批项目从打桩至投产仅用 77 天，云南裕能成为国内单体出货量最大的磷酸铁锂正极材料生产基地。2024 年新材料产业完成产值 84 亿元。电子信息产业集聚集群，先导薄膜、新材料板块投产，贵研铂业黄金保税加工实现量产。2024 年电子信息产业（含黄金保税加工）完成产值 154 亿元。先进装备制造产业逐步壮大，北汽（昆明）新能源汽车、东风云南汽车产能持续提升，累计量产汽车 5.5 万辆。2024 年先进装备制造业完成产值 224 亿元。生物医药产业加快培育，康乐卫士实现三价 HPV 疫苗试生产，国药中生血液制品生产线顺利投产，超启生物前瞻布局预防性新型疫苗、治疗性新型疫苗及其他重大疾病药物的原始创新研发管线。2024 年生物医药产业完成产值 16 亿元。

（三）创新要素加速集聚

滇中新区相继成立昆明理工大学参与建设的未来交通创新研究院、山东大学参与建设的山东大学云南研究院、赛迪研究院参与建设的赛迪科创中心（昆明）等一批新型研发机构，为发展智慧交通、低空经济、北斗生态等产业注入科创活力。科技研发方面，新增省级重点实验室 1 家、省技术创新中心 1 家，培育国家级专精特新“小巨人”企业 9 家、国家级制造业单项冠军企业 1 家、国家技术创新示范企业 1 家，省级专精特新和创新型中小企业 1073 家。产业招商方面，启动 100 亿元规模的产业引导母基金组建工作，组建生物医药、低空经济等重点产业子基金，采取股权投资模式吸引外来资本和优质企业落户。目前，已有华控基金、粤开资本等机构参与设立基金。人才支持方面，推进人才安居工程建设，投入 4.37 亿元，建成启用 587 套“云雁居”人才公寓。现已入住各类人才 471 人，入住率超过 80%，累计补贴租金 440 万元；正在建设 140 套青年公寓，将为技术人才、新市民、青年人等群体提供保租房、人才房等住房保障。

（四）开放合作不断深入

对外开放不断走深走实，昆明空港型物流枢纽入选国家物流枢纽建设名单；2024年，滇中新区进出口贸易总额实现644.25亿元，占全省比重达25.9%，其中，与亚太经合组织（APEC）贸易额为223.34亿元、同比增长21.20%，与南亚东南亚国家（地区）贸易额为43.84亿元、贸易占比持续提升达6%，辐射南亚东南亚重要经济增长极作用更加凸显；创新开行中老泰“昆明陆港号”昆明安宁至泰国拉廊多式联运列车，开通了经陆路联通印度洋出海口新通道；2024年，长水国际机场旅客、货邮吞吐量双升，旅客吞吐量达4717.8万人次、同比增长12.2%、居全国机场第10位，货邮吞吐量为38.56万吨、同比增长10%。深化国家级新区合作，携手重庆两江新区、四川天府新区、贵州贵安新区、兰州新区、陕西西咸新区签订战略合作协议，推动西部国家级新区在规划建设、产业培育、开发开放等方面加快联动发展；与福州新区签订战略合作框架协议，共同构筑“福建企业＋云南资源”“福建研发＋云南制造”“福建总部＋云南基地”等双向互动、相互促进的产业合作新模式。主动承接产业转移，通过“招小商”“稳小商”，引进中小微企业46家；环宇智能科技园、东盟鲜果交易中心、东鹏饮料集团昆明生产基地等投资10亿元以上大项目相继开工，掀起了项目建设热潮。

云南滇中新区直管区临空产业园

（五）城市面貌焕然一新

保障长水国际机场改扩建项目建设，创新“先签约先选房、先安置后搬迁”模式，圆满完成4个自然村整村搬迁任务，安置2033人，累计供地2.3万亩、占供地任务的96.3%，支撑机场项目完成年度投资125.5亿元。加快绿美新城建设，实施绿美城市建设三年行动计划，开展桥下“灰空间”整治和雨污分流改造，建设绿地12万平方米，建成22个口袋公园以及4公里绿道，整治违法违规建筑78.8万平方米（含安宁市整治违法违规建筑25万平方米），人居环境和城市面貌得到改善。扎实推进环境污染防治，安宁产业园区入选云南省首批零碳园区创建名单；制定《深入打好污染防治攻坚战实施方案》，开展滇池、牛栏江等重点流域水污染防治，市控考核断面水体优良率达100%。

中石油云南石化安宁基地

（六）民生福祉持续提升

优质教育资源供给不断增加，滇中新区西冲小学改扩建工程、空港第三幼儿园、昆明市第一中学空港学校、西南联大研究院附属学校依云小学、安宁市石江小学、安宁市第六幼儿园等学校项目投入使用，新增优质学位12900个。积极对接省市优质医疗资源，研究合作运营及医院功能布局设置，空港第一人民医院即将投用，安宁市医共体科研教学大楼等项目加快推进，紧密型医共体建设管理模式成为昆明市地方标准。主动承接亿元以上劳动密集型产业项目30个，提供就业岗位1.2万个。

三、2025年发展展望

（一）坚持规划引领，加快推动高质量开发建设

加快编制各类重点规划。2025年，滇中新区将高质量编制完成滇中新区“十五五”规划和能源、综合交通、城镇化、应急管理等相关专项规划，并取得国土空间总体规划批复。

全面推动重点片区开发。滇中新区未来交通科学城片区将完成交通强国建设试点任务2025年预期成果，形成“1个战略规划+2个专题规划”编制成果，聚力打造面向“两亚”的中国交通解决方案展示中心和新型科创新城。航空现代服务业片区将推动海诚项目复工复建，实现首创奥特莱斯商业项目落地建设，积极引入特色商业载体，构建航空大都市商圈体系，聚力打造国门商旅区和云南会客厅。临空制造业片区将完善临空产业园整体配套，重点布局电子信息、生物医药、高端装备等临空先进制造业，聚力打造面向西南、辐射“两亚”的临空先进制造业产业基地。

提速基础配套项目建设。紧盯获得上级资金支持的政府性投资项目，完善要素保障机制，全面启动长龙高速以及李其片区电力线路迁改、内部道路建设，加快推进小哨EOD（生态环境导向的开发）、小哨污水处理厂、再生水厂等基础设施建设，建成滇中新区未来交通科学城片区“三横三纵”路网，不断提升城市的承载力和服务功能。

（二）大抓产业、主攻工业，大力发展新质生产力

加快主导产业发展。优化产业布局，聚焦重点产业建链、延链、补链、强链，打造以石化、新材料、电子信息、生物医药、装备制造为主导的先进制造业集群。实施工业企业大规模设备更新和技术改造，推动传统产业高端化智能化绿色化转型。巩固提升主导产业竞争优势，推动炼油扩能、炼化一体化转型升级项目纳入中石油集团“十五五”规划布局。加快云天化450万吨/年磷矿浮选项目、宁德骐骥换电项目、裕能硫磺制酸项目、贵金属及稀土产业园等开工建设，完善绿色新能源电池正、负极材料生产制造环节。推动京东方OLED微显示器提质扩产，加快先导高纯铟项

目建设，提高电子信息产业能级。力争康乐卫士、国药中生等公司相关项目投产达效，打造生物医药产业高地。实施机床产业三年行动计划，全力推进龙马机床、通用昆明机床二期建设，加快构建机床产业发展新引擎。2025 年，石化产业总产值计划完成 1000 亿元，新材料产业总产值计划完成 100 亿元，电子信息产业总产值计划完成 180 亿元，装备制造产业总产值计划完成 250 亿元。航空产业方面计划争取设立国产飞机南亚东南亚交付中心，力促东航机务维修区开工建设，推动西南空管中心建设，申建低空航线 1 条，实现无人机招生培训首期开班，确保年度营业收入同比增长 10% 以上。

积极培育新兴产业。推进交通强国建设试点任务，完成 2 项关键技术产业化。实现智能网联汽车道路测试平台上线运行、无人机招生培训首期开班，加快安宁能投空气储能项目、空天智行小镇、数据跨境流动平台、低空经济研究院、轻型航空发动机制造等项目建设。

加大产业转移承接力度。发挥好“滇中新区 + 磨憨口岸”的平台优势，加快昆明承接产业转移园区滇中新区片区建设，增强承接产业转移能力。2025 年，提速雅迪电动车项目签约落地，加快海广兴鲜果加工交易中心、东鹏饮料集团昆明生产基地、拓新科技产业园等项目建设，充分发挥产业外迁“拦水坝”“蓄水池”作用。

（三）深化改革创新，提升开放水平

全面落实改革工作任务清单。严格落实党中央、省委、市委改革部署，抓实抓细滇中新区 45 项具体改革举措，以进一步全面深化改革，应对挑战、扫除障碍，不断把改革成效转化为推动高质量发展的不竭动力。

推动贸易扩量提质。高标准建设昆明空港型国家物流枢纽，发挥好昆明综合保税区空港片区平台优势，持续拓展“中老铁路 +”业务，探索“一企两国”合作模式，推动与磨憨口岸海关形成通关互认体系，全力推动橡胶、烟草等大宗商品保税物流产业发展，打造本地特色大宗商品保税仓储中心。加快涉外数据安全示范基地建设，探索建立边境地全管控体系，推动数据跨境安全、有序、自由流动，在服务国家对外开放大局中担使命、勇作为。

加快国际贸易企业集聚区建设。积极推动安宁市大桃花片区资嘉本讯、李记泡菜等总部经济项目落地，力争年内完成贸易额 3 亿元以上。着力谋划市场采购贸易，建立“市场采购贸易 + 跨境物流 + 外贸综合服务”叠加融合贸易新模式，推动物流产业园、浙商产业园、粤商产业园等片区引入贸工一体化智能制造示范项目 2 个以上。2025 年，力争进出口总值突破 700 亿元。

（四）主动服务、优化环境，构建高质量发展新优势

健全完善服务机制。深化实施驻企特派员机制、健全完善重点项目审批服务“1+1+N”（1 名驻企特派员、1 名政务服务人员和若干名行业管理指导服务员）服务模式，高质量办好 10 件惠企实事，持续擦亮滇中新区营商环境服务品牌。

积极搭建服务平台。持续完善滇中新区、街道、社区三级政务服务体系，实现政务服务承接率、网上可办率、权责清单关联率“3 个 100%”，推进政务服务标准化、规范化、便利化。建立科技金融创新服务中心，实施“金融特派员”制度，深化银行与政府性融资担保机构协作，提升金融服务便利度和信贷获得性。

探索创新招商方式。尽快建立“管委会 + 公司”的产业招商模式，推动滇中新区招商公司实质性运作，加快提升滇中新区招商专业化水平。完善产业基金运作机制，尽快设立引导类母基金和产业子基金，同时探索排污权、碳排放、绿电指标等交易机制，促进滇中新区产业向高端化跃升。2025 年，引进省外产业到位资金同比增长不少于 10%。

（五）筑牢安全防线、办好民生实事，夯实高质量发展支撑力

尽快补齐民生短板。实施教育扩优提质行动，力促加快连然小学二期建设、昆明市第一中学空港学校等公办学校基础设施提升改造等项目尽早完工，引入优质资源合办首创誉华洲配套小学，全面提升辖区内教育资源供给水平。实施医疗卫生强基行动，加快推动空港经济区人民医院和安宁市八街中心卫生院、太平卫生院建成投用，持续推进紧密型城市医疗集团试点建设，积极探索智慧门诊、远程医疗等“互联网 + 医疗健康”服务新模式，全面提升医疗服务质量水平。

守牢风险防控底线。安全生产方面，要扎实推进安全生产治本攻坚三年行动，健全完善综合性防灾减灾救灾体系，防范遏制重大人员伤亡事件发生，切实保障人民群众生命财产安全。生态安全屏障方面，要持续打好蓝天、碧水、净土保卫战，空气质量优良天数比例保持在 98% 以上，地表水优良率、建设用地安全利用率达 100%。耕地保护红线方面，要全面落实耕地用途管制，集中力量攻坚卫片执法问题整改，严厉打击违法违规占用耕地行为，夯实粮食安全根基。

加强社会治理。深化新时代“枫桥经验”滇中新区实践，深入推进“2+3（1）+N”机制实体化运行，加快设立基层司法所，扎实推进滇中新区、街道、社区综治中心标准化、规范化建设。大力开展领导干部“公开大接访”和包案化解，深入开展命案防控专项行动，抓实矛盾纠纷排查化解，把问题解决在基层、化解在萌芽状态，持续提升社会治理效能，确保群众安全感满意度达 96% 以上。

哈尔滨新区

一、基本情况

2015 年 12 月 16 日，国务院批复设立哈尔滨新区，规划面积 493 平方公里，包括哈尔滨市松北区、呼兰区、平房区的部分区域，承担“三区一极”的使命担当，是中国唯一的以对俄合作为主题的国家级新区和最北部的国家级新区，分为江北一体发展区（398 平方公里）和江南政策协同区（95 平方公里）。

2018 年 6 月 7 日，哈尔滨新区管理委员会正式挂牌，同年 7 月 1 日，托管利民经济技术开发区，哈尔滨新区松花江以北区域实现了一体发展，平房区域作为哈尔滨新区的政策协同区独立运行，共享新区政策，主要经济指标纳入新区统计。2019 年 8 月，国务院批复设立中国（黑龙江）自由贸易试验区，自贸试验区哈尔滨片区 79.86 平方公里全部位于哈尔滨新区江北一体发展区。2022 年 5 月 9 日，国务院批复设立哈大齐国家自主创新示范区，哈尔滨高新技术产业开发区为哈尔滨片区的核心载体。至此，形成松北区、利民经济技术开发区、自主创新示范区（哈尔滨高新技术产业开发区）、自贸试验区、国家级新区“五区叠加”局面，通过“压实”及合署办公，由“一套班子、一套人马、五块牌子”管理地区经济和其他各项事务。

2024 年，地区生产总值达 957.8 亿元，同比增长 4.9%；规模以上工业增加值达 267.3 亿元，同比增长 0.9%；固定资产投资完成 250.6 亿元，同比增长 1.5%；社会消费品零售总额为 282.1 亿元，同比增长 3.7%；一般公共预算收入为 32.8 亿元，同比增长 14.5%。

二、2024 年发展成效

（一）坚持以科技创新引领产业全面振兴，着力培育发展新质生产力

加快构建支持全面创新的体制机制。构建以创新链产业链为基础、资金链人才链为关键支撑的供给制度体系，先后获批国家企业创新积分制、省级科技创新增量器试点。

2024年，国家级高新技术企业增至1843家，占全省的36.57%。强化人才保障，组织开展工业和信息化部直属7所院校学子新区行等高层次人才就业创业促进活动，打造10个产教联合体，2.2万名各类人才落户新区。2024年，哈尔滨高新技术产业开发区在全国高新技术产业开发区综合评价中排名升至第48位，十年内首次进入全国前50名。

加快推进科技成果就地转化和产业化。在哈尔滨工业大学先进技术研究院设立“职业技术经理人”工作室，驻点挖掘科技成果，签约科技成果项目30余个。哈尔滨科技大市场整合43家理事单位、39家专业机构，设立30亿元成果转化基金，累计完成30个项目，成交额达2.53亿元。引进曹喜滨、谭久彬、赫晓东、冷劲松等院士团队，落地科技成果转化项目435项，占全市的40.28%。

加快科技创新主体梯度培育。哈尔滨工业大学空间环境地面模拟装置大科学工程全面投用，已服务企业、科研机构200余家。工大卫星智造基地建成投用，打造了全国最大民营卫星柔性智造产线。中国商飞（哈尔滨）机体设计中心、国防科工东轻研发中心成立，哈尔滨前沿技术联合实验室挂牌，同创普润芯片制造用超高纯金属材料6条产线投入生产。哈尔滨玻璃钢研究院有限公司国家新材料科技产业化基地一期项目竣工验收，填补我国高性能、轻量化、高精度结构件设计制造领域空白。

哈尔滨工业大学空间环境地面模拟装置大科学工程

（二）加快推动产业结构调整，着力构建现代化产业体系

立足优势产业基础，实施产业延链补链强链。推动 117 个省市重点项目全部开复工、完成投资 127 亿元，固定资产投资和实际利用内资总量均位居全市第一，形成绿色食品、生物医药、高端装备 3 个百亿元级产业集群。

大力实施招商引资一号工程。组建 16 个产业专班，健全重大项目专班推进机制，深入推进产业链招商、科技招商、园区招商、资本招商，新签约项目 57 个，协议引资额 509 亿元，为产业项目建设奠定了坚实基础。

推动战略性新兴产业快速聚集。建设绿色食品、智能制造、生物医药、新材料等 15 个特色产业园区，全力推进智能机器人、商业航天等“一岛一谷”建设。国家级“小巨人”企业 20 家，占全省的 27.4%；省级专精特新企业 183 家，占全省的 15.48%。新三板挂牌企业 17 家，占全省的 30.3%。航空航天产业获评省级特色产业集群，战略性新兴产业产值占全区总产值的 23%，以平房区为核心的哈尔滨航空集群先后获批国家级创新型产业集群、中小企业特色产业集群、先进制造业产业集群。

加快推动传统产业转型升级。投入技改资金 14.7 亿元，完成技改项目 47 个，哈药集团、建龙哈轴等一批企业焕发新活力。大力推动传统产业园区“腾笼换鸟”，18 家医疗器械企业进驻龙岗产业园，新区规模以上工业增加值占全市比重超四分之一。

（三）坚持以优化营商环境为基础，全面深化各领域改革

以全面深化改革为动力，坚定不移推进高水平对外开放，全面服务和融入新发展格局。

对标发达地区学习复制。累计“带土移植”招投标评定分离、新型工业用地（M0）等深圳经验 135 项，“南北共建飞地产业园区（深哈产业园）”入选全国第三批推广改革试点经验名单，深哈产业园先后被国家发展改革委、科技部分别确定为对口合作典型经验和科技赋能东北振兴试点示范区。

围绕发展所需大胆首创。持续深化“拿地即开工”改革，产业项目供地时限缩短至 40 天，审批效率全国领先。在全国全省首创的回迁安置新模式、“一枚印章管审批”、住建领域智慧安监“码”上安全等 36 项改革举措获得广泛推广。

持续深化各领域改革。系统推进改革任务 105 项，6 项改革获评省级以上改革试

深哈产业园

点。大力推进国企改革，成立 8 个集团（公司），“管委会 + 公司”服务质效、区属国企专业化程度和市场化水平显著提高。

（四）深入落实自贸试验区提升战略，切实提升向北开放能级

紧紧围绕“建设开放龙江”以及“打造向北开放之都”的战略部署，统筹推进贸易、投资、通道、平台建设。

提升开放平台能级。国内首家线上线下相融合的对俄综合服务中心投入运营，打造“政务服务”“公共服务”“专项服务”三大服务板块，全面提升贸易企业服务效能。公用型保税仓库正式获批，“龙贸通—东方快线”陆运板块 TIR（国际公路运输系统）上线运营，中欧班列完成首趟“铁路—公路—铁路”多式联运，贸易通道更加畅通。全年进出口总额同比增长 19.4%，占全市的 33.3%，高于全省 14.6 个百分点。其中，对俄贸易同比增长 42.1%，占全市的 44.6%，增速高于全省 30.9 个百分点。

加强对外投资合作。俄罗斯国家馆哈尔滨首店投入运营，在成都、深圳等 4 个城市开设新店。高端装备出口订单完成首批交付，出口品类从原材料向高科技、高附加值产品拓展。新设立外资企业 50 家，占全省的 19%、占全市的 38.5%；实际利用外资额占全省的 16.7%、占全市的 27.3%。

推动贸易转型升级。黑龙江富祥供应链管理有限公司入围2024中国民营企业500强榜单。中俄未来经贸科技合作中心挂牌成立，中俄产业创新合作中心揭牌。首只QFLP试点基金外资顺利入账，黑龙江各利仕私募基金投资管理有限责任公司成为首个QFLP基金管理试点企业。哈尔滨新区储运管理有限公司获评全国首批3A级陆港企业。

三、2025年发展展望

（一）坚持项目为王，筑牢高质量发展坚实底盘

加快构建具有新区特色的现代化产业体系。围绕工大卫星、同创普润、宇树科技等链主企业集聚产业链上下游，力争实现“开园即满园”。推动低空经济应用场景取得新突破。推动招商引资和项目建设提质提速。坚定不移发展园区经济，精准引进一批资源匹配率高、强龙头补链条、产出效益好的优质项目，健全完善重大招商项目专班推进机制，让好资源对接好项目，以高水平招商赋能高质量发展。

抢抓机遇扩大有效投资。聚焦“两重”项目，超前谋划、包装储备一批重大基础设施、重大科研装置项目，积极争取超长期国债、专项债、中央预算内投资等政策资金支持。深化“两新”政策落实，鼓励引导企业开展设备更新，推动消费扩量提质增效。

（二）聚焦科技创新，加快培育发展新质生产力

打通科技成果转化“最后一公里”。积极推动哈尔滨工程大学松北新校区建设，发挥重大科研装置的科技成果吸附作用，布局建设一批科技成果转化承载平台，促进更多科技成果在新区就地转化、实现产业化。

强化企业创新主体地位。鼓励龙头企业牵头组建创新联合体，支持科研院所面向企业和市场需求联合开展科研攻关，引导重点科技企业参与国家重大项目，聚力攻关关键核心技术和共性技术，推动产学研融通创新。

大力培育一流科技创新生态。加快推进“企业创新积分制”落地惠企，布局建设算力、数据等新兴要素基础设施，打造一批技术验证中心和中试小试平台。加快引进金融机构、社会资本投早、投小、投硬科技，探索实施科技融资担保等新型金

融服务，健全完善职普融通、产教融合、科教融汇等人才培养体系，以良好的科创生态不断激发创新活力。

（三）全面深化改革，当好先行先试试验田

持续深化体制机制改革。深化要素市场化配置改革，积极推动“工业上楼”、二三产业混合用地等改革在新区落地，提高资源要素配置效率。深入实施国企改革提升行动，探索建立协同监管机制、分类考核机制，提升区属国企资本运作和投资能力。

打造国内一流营商环境。深入推进商事制度改革，推动“无感续证”“一业一证”等改革扩事项、扩内容、扩范围，实现信用为本、执照为主、免申即得证。持续深化建设项目审批改革，进一步降低行政成本。

做细基层治理改革。健全完善镇（街）履责事项清单，稳步提升基层工作水平和服务群众效能。健全“四所一庭一中心”衔接联动机制，切实做好“送上门的群众工作”。

（四）深化对俄合作，全力打造向北开放新高地

深入落实自贸试验区提升战略，努力打造向北开放的重要窗口，加快构筑促进内外循环的合作平台。

稳步扩大制度型开放。聚焦知识产权保护、电子商务等关键领域，紧盯保税维修试点、商事调解组织登记管理试点、生物医药研发用物品进口“白名单”等重点任务，积极探索制度创新，全年力争实现自主创新案例100项。

大力推动开放平台建设。不断完善对俄综合服务中心功能。提升公用型保税仓库基础设施水平，加快引进一批保税仓储项目。充分发挥中俄产业创新合作中心、“一带一路”国际科技合作创新中心等平台作用，加快推进国际科技创新成果转移转化。

推动对外贸易提质升级。加强与俄罗斯商协会合作，深化与官方机构对接交流。鼓励外贸龙头企业扩大进出口规模，支持俄罗斯国家馆全国布局。加快推进对俄出口加工产业园建设，充分发挥电商头部企业的产业吸附作用，大力引进小家电、3C数码等消费类电子生产企业入驻园区。

长春新区

一、基本情况

长春新区是2016年2月经国务院批复设立的第17个国家级新区，同年4月26日组建成立，批复的发展定位是创新经济发展示范区、新一轮东北振兴重要引擎、图们江区域合作开发重要平台、体制机制改革先行区。长春新区管辖面积428平方公里，由长春高新技术产业开发区、长春临空经济示范区、长春北湖科技开发区三个国家和省级开发区组成，下辖1个乡、7个街道、39个行政村、50个社区，常住人口约56万人。

长春新区承载着国家重大发展和改革开放战略任务，更承载着习近平总书记的殷殷嘱托，省市及社会各界极其关注、期望很高。2020年7月，习近平总书记亲临长春新区，对新区提出了明确要求，指出“高新科技园区要围绕国家战略需要，坚持高水平规划、高标准建设，走集约化、内涵式发展道路，要重视基础设施规划建设，更要打通产业链、供应链，在区域经济发展中发挥带动和辐射作用”，为新区高质量发展提供了根本遵循。

二、2024年高质量发展成效

（一）经济运行稳中有进，产业实力稳步增强

2024年地区生产总值实现669亿元[①]，同比增长4.2%；规模以上工业总产值910亿元（其中高技术制造业产值完成299.4亿元），规模以上工业增加值同比增长3.6%；固定资产投资完成158.5亿元，同比增长10.2%；社会消费品零售总额完成175.9亿元，同比增长3.2%；建筑业总产值完成162.8亿元，同比增长12.3%。

---

① 按照汽车制造行业在地统计原则，中国一汽部分产值调整至省外统计，经第五次全国经济普查数据修订后，长春新区地区生产总值为669亿元。

主要经济指标增速持续高于省、市平均水平，在省市振兴发展中“打先锋、站排头”。

长新创谷

（二）产业体系集群发展，多业协同提级增效

以落实习近平总书记视察吉林提出的“四新”产业为突破方向，坚持龙头企业牵引，特色园区承载，招商、项目、扩能协同发力，持续提升产业发展能级和竞争力。先进装备制造业加快升级，集聚了一汽奔腾、天合汽车等130余家重点企业。2024年，装备制造业产值完成533亿元，产业规模进一步扩大。生物医药竞争力持续加强，打造“研发+转化+生产”医药健康产业链条和产业生态体系，在中国生物技术发展中心发布的“2022年国家生物医药产业园区综合竞争力排行榜”中列第14位，蝉联东北之首，居全国第一方阵。光电信息产业品牌彰显，加快建设长春智能光谷产业园等平台载体，推动国内首台商用12英寸全自动晶圆探针台、“百星飞天”项目、全球首创无人机技术等高精尖重器问世，形成从卫星、无人机研发与生产到提供遥感信息服务的完整产业链。高质量打造的新材料基地初现规模，现代服务业活力持续释放，数字经济等新赛道加速布局，多擎驱动的现代化产业体系初步建立。

（三）科技创新动能不断积蓄，中试转化通道进一步畅通

以北湖未来科学城和长春国家自主创新示范区建设为引领，不断优化顶层设计，大力集聚创新资源。通过“院地联合共建”模式，建设中国科学院长春应用化学研究所北湖园区、吉林省氢能产业综合研究院、吉兴产业园等多个产业化平台。建立校地合作机制，成立吉林大学、中国科学院长春应用化学研究所等 12 个专班，常态化登“门”（校门）入“室”（实验室）。高新技术企业发展到 870 家，分别占省、市的 21% 和 26%；专精特新企业发展到 558 家，其中，国家级企业分别占省、市的 42.6% 和 61.5%；“吉林一号”卫星在轨运行 117 颗；长春新质生产力发展促进中心、欧美同学会东北海创中心投入运营。

长春新质生产力发展促进中心组织的对接会

（四）体制机制改革取得新成效，开放协作水平实现新提升

全年完成 24 项重点改革任务，推动“高效办成一件事”等创新举措落地见效，新区连续 7 年获评全省营商环境建设工作标兵单位。深入开展“省市—国内—国际”

多圈层区域协作，积极融入国内国际双循环新发展格局。通过探索“项目互建、科技互通、市场互动、机制互学”的合作模式，促进省内对接合作不断走深走实。与浙江省杭州市、宁波市、温州市等省外城市深入开展合作，加快推进建设吉浙合作大厦。国际陆港对外开放枢纽功能进一步提升，中欧班列开行 74 列、发运 8518 标准箱。

（五）商贸文旅融合发展，民生福祉持续改善

开展各类促消费活动近百场，拉动消费超 10 亿元，发放汽车消费券四批次共计 600 万元，直接带动消费近 5 亿元；奥体公园举办省级以上体育赛事及活动 150 余场次，银河左岸音乐节、禧都音乐节成功举办，东北地区悦榕鸿居酒店首店投入运营。发放特殊群体补贴 2400 余万元，开发就业岗位 1.4 万个；新建扩建致远、明达等 4 所学校，优质教育资源覆盖率全市第一；完成八一公园、北湖公园桥南区域、宁溪公园等提升改造工程，农村生活污水治理（管控）率达到 100%。乡村振兴稳步推进，严守耕地保护红线，新增耕地 312 公顷，发放惠农补贴 715 万元，脱贫人口人均年收入达 1.8 万元。

（六）党建水平不断提升，各类风险防范持续稳固

巩固拓展主题教育成果，深入开展党纪学习教育，制定落实党的二十届三中全会精神工作方案和任务清单，扎实推动巡视巡察反馈问题整改，为经济社会发展提供了有力的组织保障。深入开展安全生产隐患排查整治行动，全年未发生较大以上安全事故；深化信访问题源头治理和积案化解，群众信访一次性化解率达到 92.8%。

三、2025 年发展展望

（一）深化改革开放，在积蓄内生发展动能上释放新活力

扎实推进开发区改革。落实省、市、开发区改革部署，加快启动实施“1+5”改革实施方案，推动开发区内设机构、员额制管理、人事薪酬、招商引资、教育科技人才一体化等改革。推进国资国企改革，做实新发集团、做强产发集团、做大港城集团，推动上市公司产业升级。持续优化营商环境。深入推进“高效办成一件事”、工程建设领域集成服务等改革，提高审批服务效率。大力支持民营经济发展，分批次、分领域组织企业家赴先进地区学习考察。加快长春智慧法务区建设，拓展入驻

机构服务功能，探索涉外法务服务，促进法商融合发展。着力推动对外开放合作。优化国际陆港中欧班列运营平台结构，强化与珲春口岸、大连港、营口港联运互动。紧密对接机场集团，尽快实现药品进口口岸业务破零。与天津滨海新区、杭州高新技术产业开发区在新材料、数字经济等战略性新兴产业方面强化合作对接，共建“飞地园区”。

（二）突出创新驱动，在科技创新推动产业创新上厚植新优势

加快建设创新平台。深化与大院大所合作，加快吉兴产业园、长白山实验室、吉诺贝尔科学家科创园、中国科学院长春应用化学研究所北湖园区、吉林省氢能产业综合研究院等重点创新平台项目建设。加快先进金属和电子材料、合成橡胶及弹性体等“卡脖子”技术攻关，推动科技成果就地转化。积极培育创新主体。实施“揭榜挂帅”机制，支持企业在科研成果早期研发阶段提前介入，实施高通量显微物镜等科技攻关项目。推行科技成果“先投后股”“先使用后付费”等改革举措，优化科技企业梯次培育成长体系。高效运营欧美同学会东北海创中心，加快建设北湖新质人才港，制定新质人才高地建设若干措施。大力优化创新生态。校地合作专班常态化登“门”（校门）入“室”（实验室），建设新质生产力发展促进中心场景发布平台，常态化开展企业产品首发、首展。

（三）加强三区联动，在构建现代化产业体系上迈出新步伐

围绕“9+1”产业链，着力做强先进装备制造、医药健康、光电信息三大主导产业，加快发展新材料、新能源、数字经济、低空经济、人形机器人等战略性新兴产业和未来产业，推动传统产业转型、优势产业壮大和新质生产力培育，加快三个开发区高质量发展。高新技术产业开发区围绕解决“满”的问题，重点在稳存量、促增量、优空间、提效益上下功夫，加快产业转型升级，提高亩均产出效益。北湖科技开发区围绕解决“新”的问题，重点在产业培育、项目招引、做大总量、提升质量上下功夫。临空经济示范区围绕解决“空”的问题，重点配合省市推动龙嘉国际机场三期项目建设，完善基础设施功能，加快招引一批临空产业项目。

（四）聚力“双城”建设，在培育新的经济增长极上展现新作为

加快北湖未来科学城建设。加强协同招商，建立利益共享机制，围绕长春国际

医药健康产业博览会、长春国际光电博览会等展会，开展重点企业“北湖行”，共同组织“走出去”“请进来”招商活动。加快创新平台建设，依托长春新质生产力发展促进中心，梳理三区“场景创新能力清单”与“机会清单”。加快长白山实验室、吉光实验室（经开）等创新平台建设，依托吉兴产业园、光电信息产业园（经开）、绿色能源产业园（中韩）等载体空间，促进成果转化，培育创新主体。加快永春生物医药城发展。成立工作专班，引导区内优势企业向永春布局发展新项目，共同谋划永春中医药健康产业园、永春创新医疗器械产业园等一批新医药项目，支持争取生物医学新技术应用等先行先试政策。

（五）狠抓项目建设，在增强区域发展后劲上筑牢新支撑

谋划包装一批。紧紧围绕国家政策投向，积极争取超长期特别国债、专项债、土地储备专项债、中央预算内投资等资金支持。重点依托高校院所、高新技术企业谋划生成一批“两重”项目；聚焦对外开放、战略性新兴产业等领域，包装设计大投入、强引领、新示范的重大项目，争取空港大通关一体化、长光卫星占频保轨等项目纳入国家、省“十五五”规划“盘子”。签约落位一批。完善“9+1”产业链招商机制，采取以商招商、科技招商、场景招商、全员招商、基金招商、平台招商等方式，集聚招商合力。竣工投产一批。强化金赛药业二期、妙可蓝多原制奶酪生产基地、长春师范大学新校区一期等重点项目调度服务，确保年内投产达效，新增产值 80 亿元。

（六）强化政策支撑，在推动经济稳增长上取得新成效

全力抓好经济运行。积极向上争取政策资金，重点用好国家“两重”“两新”等推动经济回升向好的政策措施，优化兑现流程，建立直达快享机制。稳住工业“基本盘”，助力一汽奔腾、天合富奥等企业开拓市场，促进希达电子技术有限公司、长春长光智欧科技有限公司等深度融入华为创新体系，支持长春大正博凯汽车设备有限公司、长春一汽富维东阳汽车塑料零部件有限公司等企业开展设备更新。大力提振消费。全力争取国家“以旧换新”和省市促消费政策，撬动汽车、家电等大宗消费，支持餐饮、住宿等服务消费，推动医药生产和流通企业成立医药销售公司、零售药店。推动房地产市场止跌回稳，加快房地产项目产品创新。开展商文旅体融合提升“四个百项”活动，打造北湖“踏青季”“消夏季”等四季文旅品牌。发展冰雪

旅游、冰雪运动，积极发展冰雪装备、养老装备、教育装备，以实体产业发展促进消费升级。加快培育经营主体。全力支持民营企业发展壮大，重点培育高成长性科技型中小企业、升规入统潜力企业、存量“上台阶”企业，促进经营主体结构持续优化、发展质量有效提升。

（七）提升城市品质，在完善宜居宜业功能上呈现新面貌

加快实施城市更新。着力打通北湖宽达路以及高新城南大路、成缘路、丙十四路 4 条断头路，高标准打造高新硅大街、锦湖大路、北湖湖畔街、光机路 4 条精品街路。全面推进轨道交通 5 号线和空港线、南四环路提升改造等重点项目征收工作。优化城市生态环境。推动北部污水处理厂提标改造，启动三期工程建设；空港西部污水处理厂与机场三期工程同步建设，确保 1 个国控断面、7 个市控断面水质达标。加快推进北湖公园周边环境提升，进一步优化生态品质。加强城市精细化管理。全面开展市容环境综合整治提升，推动城市管理数字化转型；深入实施修复城市伤痕、提升绿化品质、规范医疗广告、治理工地扬尘、管理渣土运输、治理农贸市场、整治违停乱停、提升小区环境等攻坚工程。

江西赣江新区

一、基本情况

2016年6月6日，国务院批复设立江西赣江新区，同年10月20日赣江新区正式挂牌，成为全国第18个、中部地区第2个国家级新区。新区规划面积465平方公里，常住人口78万人，分为经开、临空、永修、共青四个组团，其中，直管区面积172平方公里，包括儒乐湖片区、新祺周片区（中医药科创城）两个核心功能板块。

国务院明确赣江新区“长江中游新型城镇化示范区、中部地区先进制造业基地、内陆地区重要开放高地、美丽中国‘江西样板’先行区”功能定位，成立以来相继获得国家绿色金融改革创新试验区、国家级人力资源服务产业园等靓丽的“国字号”名片。

为更好适应新区发展需要，进一步调动各方加快赣江新区建设的积极性、主动性、创造性，2019年5月，江西省委、省政府印发《关于完善赣江新区管理体制的实施方案》，将赣江新区划分为直管区和统筹区，构建了“统一平台、统领规划、统筹管理、分片运营”的管理体制，充分激发和释放了赣江新区和南昌市、九江市三方活力，为推动新区高质量发展提供了坚实的体制机制基础。2022年5月，江西省委办公厅、省政府办公厅出台《关于支持赣江新区激发活力增强实力的若干措施》，明确将省投资集团委托赣江新区领导和管理，组建100亿元现代产业发展引导基金。2023年8月，赣江新区建设领导小组印发《关于加快推动赣江新区高质量发展的若干措施》，2024年5月，赣江新区建设领导小组印发《加快推动赣江新区高质量发展总体方案》，同时建立11个省有关部门领导干部赴赣江新区兼职工作机制，进一步为赣江新区加快打造高质量发展的现代化新区增势添力。

2024年，赣江新区地区生产总值同比增长5.4%，规模以上工业增加值同比增长9.4%，固定资产投资同比增长8.6%，一般公共预算收入同比增长6.7%，其中，固定资产投资、一般公共预算收入增速列全省第一位。成功举办2024上海合作组织传统医学论坛，展现了国家级新区高质量发展的新风采。

2024 上海合作组织传统医学论坛

二、2024 年高质量发展成效

（一）突出实体经济导向，产业发展能级加速提升

大力发展主导产业。深入贯彻全省“1269”行动计划，实施新区“6510”行动计划，新区产业能级不断跃升。2024 年，电子信息、装备制造、生命健康、新能源汽车及动力电池、有机硅新材料、纺织服装六大主导产业实现营业收入 1261 亿元，同比增长 5.7%，其中，新能源汽车及动力电池、装备制造产业分别同比增长 21.1%、36.1%。

加速构建数字生态。积极抢抓数字经济新风口，聚焦数字营销、微短剧、数据标注、工业软件等数字经济细分领域，与抖音、华为等头部企业和江西财经大学、江西科技师范大学等高校开展合作，在全省率先引入“一试双证”模式。全国首家数字营销行业产教融合共同体、江西首家网络微短剧备案服务中心、网络微短剧版权快维中心等挂牌成立，百度人工智能、拓维信息信创、软通动力等项目相继落户。2024 年，新区新引进规模以上数字经济核心企业 164 家，实现营业收入 367 亿元，同比增长 4.9%。

全面推进智改数转。实施制造业数字化转型行动，推动规模以上制造业企业诊断全覆盖，汉可泛半导体技术改造等项目加速推进。省工业软件先导区在新区挂牌，推动海克斯康与江西铜业、西门子与中泰工业合作搭建工业软件基础开发平台。开展生命健康、有机硅新材料“产业大脑”建设，推动济生制药有限责任公司、萨瑞微电子技术有限公司等企业打造“数字领航”“小灯塔”“数智工厂”行业标杆。2024 年，新区实施技术改造项目 115 个，总投资 184 亿元。

（二）突出产城深度融合，城市承载力明显增强

加快推进基础设施建设。新区与南昌市、九江市签订交通运输一体化合作协议，赣新大道一期、阳光大道一期全面建成，龙头岗综合码头二期投入使用，昌九高铁昌北机场站结构如期封顶，地铁 1 号线北延开通运营；汇贤大桥、云翔大道、新祺周西大道西延、阳光大道二期、南昌北二绕城高速等重大项目加快推进，有力构建起内畅外联的立体交通网络。

完善公共服务配套。着力提升公共服务水平，南昌二中新区校区、星海湖学校、南昌十中经开校区等学校投入使用；新区人民医院实现全科开诊，洪都中医院新区医院开业运营。按照集约节约原则推进城市绿化、亮化，赣江沿线江滩环境治理工程全面完成，新增城市绿地 12 万平方米，泛光照明工程点亮新区夜景。

不断聚集人气商气烟火气。加快释放楼宇资源，吸引总部经济、研发设计、检测检验等生产性服务企业入驻，推动金开集团、江投资本等进驻新区，盘活直管区物理空间约 12 万平方米。推动儒乐湖新城生活服务业提档升级，举办露营节、樱花节等活动吸引人气，2024 年儒乐湖新城导入人口近 1 万人。

儒乐湖新城

（三）突出融入区域发展格局，对内对外开放更具活力

招商引资量质齐升。坚持专业招商、基金招商、科技招商“三管齐下”，成立10个招商工作组，瞄准产业赛道开展精准招商，2024年，签约招商引资项目302个，10亿元及以上项目35个，投资额达1090亿元。推动与香港贸易发展局签订战略合作协议，建设赣港未来产业园。发挥产业引导基金作用，投资了思路迪诊断外泌体、伟岸纵横等一批优质项目，江西一脉阳光集团股份有限公司在香港交易所挂牌上市，成为我国第三方医学影像服务第一股。

营商环境提档升级。全面落实“高效办成一件事”改革，挂牌运营全省首个化妆品注册备案服务工作站，打造“药管家”“剧管家”服务品牌，开展“服务双人行”活动，在省内率先开展全行业环评与排污许可“两证合一”，全省首创“环保设施共享”模式。建立新区管委会顾问制度，首期聘任陈芬儿院士等11名顾问；精心举办7期“赣江夜话”，与科学家、企业家真诚交流，问需求话发展。

区域融合不断深入。全面融入南昌都市圈，定期召开赣江新区、南昌市、九江市三地联席会议，协调解决跨区域重点事项，项目化推进水运、交通、文旅等领域的协同合作。编制中医药科创城“1+4”总体规划，推动新祺周片区与永修马口、湾里罗亭、新建溪霞等周边地区联动发展；将经开组团瓜洲村部分区域纳入新区一体管理，片区间融合发展更加深入。

（四）突出深化改革创新，经济发展动能有力激发

重点改革纵深推进。启动扁平化改革，将原有三级管理模式压缩为两级，分批精简工作人员；建立招商引资、工程建设、项目推进等工作专班，推动赣江招商发展集团和新区开放发展局集中办公，新区驻外联络处与南昌市驻外办合署办公。深化“管委会+公司”改革，完善新区与省投资集团融合发展机制，成立未来产业研究院，打造政府、产业、资本的互动平台；推动下属企业“瘦身健体”，整合优化赣江控股业务板块，压减法人机构30%以上，精简和分流人员800余人。

科技成果加速转化。用足用好“国字号”创新平台资源优势，针对企业需求精准编制招商手册，搭建起科技成果与产品市场化双向赋能桥梁。推动赣江中药创新中心等平台与江中食疗、百神药业等知名企业合作，引导中国中医科学院中医药健康产业研究所与仁和集团开展科技合作，为珍视明药业等数十家企业提供技术服务。

助力省转化医学研究院与南昌大学第一附属医院、上海润达医疗达成超 10 亿元合作项目。

创新生态日益优化。强化企业科技创新主体地位，2024 年新区高新技术企业达 388 家，其中直管区有 44 家，同比增长 46.7%。全面深化校地合作，与江西财经大学、江西科技师范大学签订战略合作协议，在科研设备共建共享、科技成果转化等方面开展合作。构建“五个一”人才服务体系，全年新引进培育国家级、省级领军人才 33 人。

三、2025 年发展展望

（一）加快产业生态构建，厚植发展新动能新优势

深入实施“6510”行动计划，聚焦电子信息、装备制造、生命健康、新能源汽车及动力电池、有机硅新材料和纺织服装 6 条重点产业链做好强链、补链、延链文章，力争主导产业营业收入同比增长 10%，新增专精特新中小企业不少于 45 家。实施战略性新兴产业培育行动，“一产一策”推进产业链项目建设、企业培育和招商引资，力争战略性新兴产业产值达到 400 亿元，奋力打造中部数据要素创新港、江西省生命健康科学城。扎实开展大规模中小企业数字化改造，发挥“产业大脑”效能，推动规模以上制造业企业“智改数转网联”全覆盖。因地制宜发展未来信息通信、未来健康、未来能源、未来航空等产业，建设江西未来产业先导试验区、江西工业软件先导区和低空经济综合示范区。

（二）扩大对内对外开放，着力提升辐射带动作用

坚持“投行专业、蚂蟥精神、生态思维”，推行链式招商、资本招商、科技招商、数字化招商等新模式，招引落户一批重大产业项目，全年力争签约总金额 1000 亿元。依托南昌综合保税区、南昌昌北机场、龙头岗综合码头、昌北铁路物流基地等开放平台，深化创新通关模式，推动南昌昌北机场新开国际国内定期、包机货运航线。继续办好上海合作组织传统医学论坛，做好“双向开放、惠通四方”大文章。加快推进赣港未来产业园建设，打造粤港澳大湾区重要产业备份基地。深化“高效办成一件事”改革，细化“药管家”“剧管家”“服务双人行”等举措，继续办好“赣江夜话”活动，持续擦亮“新区事・全心办”政务服务品牌。

（三）聚焦功能品质提升，不断完善城市配套

优化交通基础设施布局，加快推进昌九高铁、南昌昌北机场三期、龙头岗综合码头建设，推动南昌北二绕城高速、汇贤大桥、云翔大道、阳光大道二期等项目开工、建成，全面完成地铁 1 号线北延工程。推动新区与南昌市教育、医疗深度融合发展，提升南昌大学第一附属医院、江西师范大学附属中学、南昌市第二中学、洪都中医院等名校名院在新区合作办学、办医质效。全力提振内需，引进首店经济、流量经济等新增长点，积极导入研发设计、检验检测、咨询服务等生产性服务业和各类生活性服务业，盘活物理空间 10 万平方米，直管区新增人口 1 万人。持续办好儒乐湖露营文化节、大学生艺术节、龙舟赛等节庆活动，加快聚集新区人气。

（四）持续深化改革创新，充分激发动力活力

纵深推进扁平高效领导管理运行机制改革，压减管理层级，精简工作人员，加快国有企业整合步伐，推进赣江控股集团“瘦身健体”。深化“管委会 + 公司”工作模式，实现双向赋能，完善新区与省投资集团融合发展机制。深入开展全社会研发投入攻坚行动，推动营业收入亿元以上工业企业及专精特新企业建立研发机构全覆盖，力争高成长性企业达到 50 家、高新技术企业达到 400 家。实施更加开放的人才政策，构建“产业 + 平台 + 人才”融合发展模式，力争国家级、省级领军人才突破 140 人。建强用好国家中药先进制造与现代中药产业创新中心、中国中医科学院中医药健康产业研究所等“国字号”创新平台，深化与企业、高等院校、医疗机构合作，提升创新平台成果转化效率和服务实体经济能力。

河北雄安新区

一、基本情况

设立河北雄安新区，是以习近平同志为核心的党中央深入推进京津冀协同发展作出的一项重大决策部署，是千年大计、国家大事。雄安新区位于河北省中部，地处北京、天津、保定腹地，下辖雄县、容城、安新三个县，总面积 1770 平方公里，常住人口 136.07 万人。近年来，新区统筹推进大规模建设与承接北京非首都功能疏解取得明显成效，高质量建设、高水平管理、高质量疏解发展齐头并进，城市综合功能、公共服务功能、商业服务功能逐步完善，综合承载能力、要素集聚能力、自我发展能力全面增强，城市雏形全面显现、承接疏解实现标志性突破、开发建设保持强劲态势、改革创新取得丰硕成果、新质生产力迸发强劲动能、高水平管理体制基本形成，成功申设中国空天信息和卫星互联网创新联盟等重点改革创新载体，成功入选北斗规模应用试点城市等创新试点名单。2024 年，雄安新区主要经济社会发展指标均实现快速增长，固定资产投资同比增长 13.1%。

启动区建设情况图

二、2024 年高质量发展成效

（一）“功能”要素加快汇聚，承接疏解实现标志性突破

抢抓中央一揽子特殊支持政策机遇，192 个京雄政务服务场景、209 项资质资格互认事项全面落地。中国星网及中国时空等所属 4 家二级公司正式迁驻办公，中国华能总部、中国中化总部开展内部精装修、二期工程启动建设，中矿总部主体结构开工，首批疏解的 4 所高校和北京大学人民医院（雄安校 / 院区）加快建设。第二批疏解单位基本确定选址。疏解人员子女在雄安上学人数较 2023 年增加 89.5%，雄安公积金缴存标准实现与北京同步。中国中铁、中国五矿以产业集群推动 10 余家核心产业主体整体落户，央企在新区设立各类机构超 300 家，4000 余家北京来源企业扎根创业，高质量疏解发展加力提速。

（二）“项目”要素加快汇聚，开放建设保持强劲态势

坚持高质量项目建设生命线，启动区、昝岗片区等重点片区和东西轴线、国贸中心等重大项目加快建设，启动区路网框架全面成型，京雄快线河北段铺轨完成，内外交通网络全面畅通。雄安体育中心、雄安图书馆等标志性建筑即将投用，现代化城市形象逐步呈现。容东、容西、雄东片区稳定运营。构建“好房子”标准体系，打造风雨无阻地下空间。建成萍河左堤、新安北堤等防洪工程 200 余公里，“大包围”防洪圈进一步牢固。组建雄安规划委员会，健全规划实施机制，印发《河北雄安新区控制性详细规划实施方法（试行）》，确保一张蓝图绘到底。发布雄安地方标准 31 项，12 项达到国内领先或填补行业空白。“雄安标准”和“雄安质量”体系进一步完善，打造了一批标杆工程。

容东片区建设情况图

（三）“创新”要素加快汇聚，改革创新取得丰硕成果

以“十二个紧紧围绕”为抓手，确定175项改革任务，形成了一系列具有雄安特色的体制机制。“政策 + 机制”“行政 + 市场”的集中承接疏解方式基本形成，科学高效的大规模开发建设新模式更加完善，“总量管控、以需定供、动态平衡”的土地供应开发模式更加高效，京雄“同城化”的优质高效公共服务体制机制逐步建立，市场化、多元化的长期稳定资金筹措和投融资机制基本形成，以雄安特色“一会三函”制度为核心的行政审批制度成为品牌，高水平现代化城市治理新模式逐步完善，以保护白洋淀为核心的绿色化、低碳化发展机制基本形成，构建“一张床、一间房、一套房”多层次住房保障体系，形成一批“雄安方案”。

（四）“发展”要素加快汇聚，新质生产力迸发强劲动能

大力推进空天信息、人工智能、新材料3条产业链。获批成立中国空天信息和卫星互联网创新联盟，入选工业和信息化部北斗规模应用试点城市名单，集聚60多家空天信息企业，雄安第一个创新主链条正在形成。建设雄安人工智能产业园，设立雄安气象人工智能创新研究院，落地独角兽企业梅卡曼德（北京）机器人科技有限公司，集聚人工智能企业48家。建设雄安重大装备金属新材料研究院、雄安增材制造创新中心。挂牌27栋主题楼宇，签约落地一批重点企业。河北雄安高新技术产业开发区集聚企业224家，雄安中关村科技园入驻企业140家。新增国家科技型中小企业529家，雄安本级经营主体突破4500家。软件和信息技术企业超500家。举办35场“千企雄安行”系列活动，累计吸引超6000家企业来访。成功举办首届雄安未来之城场景汇、河北国际工业设计周等活动，雄安新区创新创业氛围愈加浓厚。

（五）“支撑”要素加快汇聚，高水平管理体制基本形成

有序推进雄安新区机构职能调整，21个工作部门、4个片区管委会正式挂牌运行，稳妥有序推动管理体制向城市管理体制转变。建立健全城市高水平管理相关制度，完善“两级管理、三级服务”基层治理体系，实施“一支队伍管执法”。由全域IPv6、鸿蒙生态、感知系统，以及国际互联网数据专用通道、国家级网络核心骨干节点和城市计算中心组成的数字基础设施底座搭建形成，获评国家IPv6技术创新

和融合应用优秀试点城市，20余个智慧场景落地。2024年引进高端商业品牌27家，各类酒店承办会展活动1000余场，超45万人次参加，城市运营能力不断增强。

（六）“人才”要素加快汇聚，人心向往的局面逐步呈现

实施“雄才十六条”和15项配套实施细则，上线3批14家青年人才驿站、2批18家雄才会客厅，实现“雄才卡”常态化申领，累计发放1.5万余张，3200余名应届毕业生按月领取生活补贴。举办第三届科技·人才·创新周、“雄才杯”创新创业大赛及系列“雄安行”活动，累计1000余个优质项目来雄路演，860余所（次）科研院所、1000余家（次）高校、10.5万余名大学生到访雄安，政策、平台、活动、服务“四位一体”人才工作体系加快形成。

（七）“资源”要素加快汇聚，对外开放新格局加快构建

建立健全开放型经济体制，累计形成41项制度创新成果，其中28项在全省、4项在全国推广。本外币合一银行结算账户体系试点落地，6批次15个应用项目入选金融科技创新监管工具名单，跨境贸易投资便利化水平进一步提升。综合保税区落地企业72家，落地首票跨境电商网购保税进口业务，港口实现“区港通”“多式联运”。河北自贸试验区雄安片区注册企业超1500家，跨境电商产业园集聚企业270余家。84家企业、协会、机构入驻自贸大厦。打造13个“高效办成一件事”套餐，效率提升77%，12345热线接通率、满意率、回复率保持在99%以上，营商环境持续向好。

（八）“生态”要素加快汇聚，美丽雄安绿色生态宜居

坚持补水、治污、防洪一体推进，深入实施“五大工程”和做好“五个一体化”。加强淀中淀边村生态环境综合治理，水质连续4年稳定保持在Ⅲ类，淀区野生鸟类达295种，科学放流苗种9000余万尾，生物多样性进一步提高。谋划开展白洋淀水上运动，周边配套、航道航线功能等持续提升。推进千年秀林建设，累计造林48.1万亩。入选国家深化气候适应型城市建设试点名单。再生水利用率达100%。全面推动绿色建筑设计施工和运行，新建片区绿色街坊、绿色社区全域覆盖。累计建成林荫停车位2127个、足球场263个、直饮水点130处。悦容公园、燕南堤等游客不断，人与自然和谐共生。

（九）“服务”要素加快汇聚，公共服务水平大幅提升

京津优质教育、医疗资源加快导入，北京市第四中学雄安校区教育集团成立，京津冀74所优质学校与雄安建立合作关系。雄安宣武医院急诊、手术中心、病房陆续启用，门诊量超18万人次。京津410余名医生护士在雄安执业。乡镇卫生院和社区卫生服务中心中医药服务率达100%。大力建设儿童友好型、青年发展型、老年幸福型城市，打造首批40个儿童友好实践基地，开办19个青年夜校，8处养老服务设施投入运营。深入实施就业、创业、产业、物业“四业并举”，用好承包地、宅基地、集体经营性建设用地“三块地”，增加群众工资性收入、投资性收入、财产性收入、转移性收入“四项收入”，组织各类招聘活动120余场。“三清一绿”行动持续开展，全部村庄纳入城乡一体化垃圾处理体系。

三、2025年发展展望

全力推动承接疏解质效上台阶。持续推动疏解项目提质增速，积极服务好疏解单位。持续完善承接疏解配套政策，推动中央一揽子特殊支持政策落实落地，进一步深化创制性政策研究，推动实现更大范围的京雄“同城化”。更大力度推进市场化疏解项目落地，全力招引央企二三级子公司。

全力推动城市高质量建设上台阶。全力攻坚启动区主战场和昝岗片区，加快国贸中心、京雄快线、东西轴线等重点项目建设。加快河北雄安高新技术产业开发区产业导入。强化土地资源集约和地下空间利用。坚持创造“雄安质量”。

全力推动经济发展水平上台阶。持续完善“四个三”科创体系，加快推动河北雄安高新技术产业开发区升级工作，加快建设平台载体，争取更多国家级创新平台等落地，常态化开展系列“雄安行”活动。大力发展空天信息和卫星互联网、人工智能、新材料三大产业链。培育壮大耐心资本，加力扩围落实“两新”政策。

全力推动高水平管理上台阶。提升运营管理效能，将雄安集团打造成新型城市运营服务商，加快市政、公共服务设施和住房资产证券化，加强城市精细化管理。加快智能城市建设，让智能城市成为雄安新区的品牌。

全力推动生态环境质量上台阶。持续加强白洋淀治理保护，加强生态环境建设和水利防洪及水资源利用，坚持绿色化、低碳化发展。

全力推动民生保障水平上台阶。加快城乡融合发展，推动设施农业发展，持续开展“三清一绿”行动。持续增进民生福祉，完善就业创业体系，加快构建公共服务体系，推动教育“体系化、集聚化”发展。完善“好房子”标准体系。

全力推动对外开放上台阶。提升对外开放平台能级，坚持龙头带动和新业态引入，强化自贸试验区对内赋能和对外联动作用。培育贸易新业态新模式，大力招引外向型央企板块和头部企业。扩大制度型开放，健全自贸试验区数据跨境流动服务管理体系，实施市场准入“极简审批”模式。

全力推动党的建设上台阶。坚持以政治建设为统领，实现党组织有效覆盖，持续加强干部人才工作。

第四篇　附录

国家级新区基本情况表

新区名称	批准文件	批复时间	规划面积/平方公里
上海浦东新区	略	1990年6月	1210
天津滨海新区	国发〔2006〕20号	2006年5月	2270
重庆两江新区	国函〔2010〕36号	2010年5月	1200
浙江舟山群岛新区	国函〔2011〕77号	2011年6月	1440
兰州新区	国函〔2012〕104号	2012年8月	1744
广州南沙新区	国函〔2012〕128号	2012年9月	803
陕西西咸新区	国函〔2014〕2号	2014年1月	882
贵州贵安新区	国函〔2014〕3号	2014年1月	1795
青岛西海岸新区	国函〔2014〕71号	2014年6月	2129
大连金普新区	国函〔2014〕76号	2014年6月	2299
四川天府新区	国函〔2014〕133号	2014年10月	1578
湖南湘江新区	国函〔2015〕66号	2015年4月	490
南京江北新区	国函〔2015〕103号	2015年6月	788
福州新区	国函〔2015〕137号	2015年8月	800
云南滇中新区	国函〔2015〕141号	2015年9月	482
哈尔滨新区	国函〔2015〕217号	2015年12月	493
长春新区	国函〔2016〕31号	2016年2月	499
江西赣江新区	国函〔2016〕96号	2016年6月	465
河北雄安新区	略	2017年3月	1770

国家级新区2024年主要经济社会指标表

新区名称	地区生产总值（GDP）总额/亿元	地区生产总值（GDP）同比增速/%	固定资产投资/亿元	货物贸易进出口总额/亿元
上海浦东新区	17752	5.3	3730	26076
天津滨海新区	7843	5.5	2002	5968
重庆两江新区	5182	6.0	1448	2708
浙江舟山群岛新区	2226	5.9	1134	3703
兰州新区	448	13.0	340	46
广州南沙新区	2301	-2.3	911	2605
陕西西咸新区	1031	5.4	1033	103
贵州贵安新区	403	21.1	351	146
青岛西海岸新区	5261	5.8	2073	3430
大连金普新区	3153	6.0	461	2274
四川天府新区	5103	6.6	1797	1379
湖南湘江新区	5009	6.0	2780	1279
南京江北新区	4067	4.8	1237	780
福州新区	3331	7.4	1117	1932
云南滇中新区	1170	3.3	422	29
哈尔滨新区	958	4.9	251	361
长春新区	669	4.2	159	42
江西赣江新区	1188	5.4	328	283

国家层面支持政策列表

序号	文件名称	出台机构	出台时间
1	《中共中央 国务院关于支持浦东新区高水平改革开放打造社会主义现代化建设引领区的意见》	中共中央、国务院	2021 年
2	《关于支持高标准高质量建设雄安新区若干政策措施的意见》	中共中央政治局审议通过	2023 年
3	《广州南沙深化面向世界的粤港澳全面合作总体方案》	国务院	2022 年
4	《进一步支持天津滨海新区高质量发展的若干政策措施》	国务院	2024 年
5	《浦东新区综合改革试点实施方案（2023—2027 年）》	中共中央办公厅、国务院办公厅	2024 年
6	《促进国家级新区高质量建设行动计划》	国家发展改革委	2024 年
7	《关于支持广州南沙放宽市场准入与加强监管体制改革的意见》	国家发展改革委、商务部、市场监管总局	2023 年

地方层面支持政策列表

序号	新区名称	文件名称	出台机构	出台时间
1	天津滨海新区	《关于支持“滨城”建设若干政策措施的通知》	天津市政府	2022 年 5 月
2	天津滨海新区	《天津市滨海新区国土空间总体规划（2021—2035 年）》	天津市委、市政府	2025 年 3 月
3	重庆两江新区	《重庆两江新区管理办法》	重庆市政府	2023 年 12 月
4	重庆两江新区	《关于〈重庆两江新区国土空间规划（2021—2035 年）〉的批复》	重庆市政府	2024 年 6 月
5	兰州新区	《关于印发〈深化兰州新区改革实施方案（试行）〉〈关于支持兰州新区加快高质量发展的若干措施〉的通知》	甘肃省委办公厅、省政府办公厅	2025 年 2 月
6	广州南沙新区	《关于将一批省级行政职权调整由广州市南沙区实施的决定》	广东省政府	2025 年 4 月
7	贵州贵安新区	《关于进一步加快推动贵安新区高质量发展的意见》	贵州省政府	2023 年 6 月
8	青岛西海岸新区	《关于支持青岛西海岸新区进一步深化改革创新加快高质量发展的若干措施》	山东省政府办公厅	2021 年 6 月

续表

序号	新区名称	文件名称	出台机构	出台时间
9	青岛西海岸新区	《青岛西海岸新区高质量发展行动方案（2022—2024 年）》	青岛市政府办公厅	2022 年 5 月
10	青岛西海岸新区	《推进青岛西海岸新区高质量发展三年行动计划（2023—2025 年）》	山东省政府	2023 年 9 月
11	青岛西海岸新区	《关于贯彻落实〈促进国家级新区高质量建设行动计划〉支持青岛西海岸新区和济南新旧动能转换起步区高质量发展的若干措施》	山东省绿色低碳高质量发展先行区建设领导小组办公室	2024 年 6 月
12	四川天府新区	《四川天府新区条例》	四川省人大常委会	2023 年 7 月
13	湖南湘江新区	《关于赋予湖南湘江新区第二批省级经济管理权限的通知》	湖南省政府	2024 年 7 月
14	湖南湘江新区	《关于支持湘江科学城建设的若干措施》	湖南省政府办公厅	2024 年 12 月
15	南京江北新区	《关于支持南京江北新区高质量建设的意见》	江苏省委、省政府	2024 年 12 月
16	南京江北新区	《关于贯彻落实〈中共江苏省委 江苏省人民政府关于支持南京江北新区高质量建设的意见〉的实施方案》	南京市委、市政府	2025 年 2 月
17	云南滇中新区	《关于支持滇中新区深化改革创新加快推动高质量发展的实施意见》	云南省委、省政府	2020 年 8 月

续表

序号	新区名称	文件名称	出台机构	出台时间
18	云南滇中新区	《关于制定加快滇中新区高质量发展实施意见的通知》	云南省委办公厅	2023 年 7 月
19	云南滇中新区	《关于加快滇中新区高质量发展的实施意见》	昆明市委、市政府	2023 年 10 月
20	江西赣江新区	《关于支持赣江新区激发活力增强实力的若干措施》	江西省委办公厅、省政府办公厅	2022 年 5 月
21	江西赣江新区	《关于调整赋予赣江新区部分省级经济社会管理权限目录的通知》	江西省政府	2022 年 6 月
22	江西赣江新区	《关于加快推动赣江新区高质量发展的若干措施》	赣江新区建设领导小组	2023 年 8 月
23	江西赣江新区	《加快推动赣江新区高质量发展总体方案》	赣江新区建设领导小组	2024 年 5 月